# 保健室から見える本音が言えない子どもたち

「決められない」「察してほしい」…大人が見落とす心の深層

NLP教育コンサルタント
桑原朱美

青春出版社

# はじめに

「自分の本音を言ってしまうと、たくさんの人が傷つく。でも、自分の気持ちを押し殺していることはとても苦しい。自分が本音で生きることって、わがままなのだから、結局、周りに気を遣いながら生きていくしかないのかな」

放課後の保健室での雑談中に、ある生徒がふと漏らした言葉です。そのときは、確か数人の生徒も一緒にいたと記憶していますが、この生徒の言葉に「そうそう」「わかる」「言いたいことはちゃんと伝えようっていうけど、そんなことしたらやばいよね」と相槌を打っていました。

当時、中学校の養護教諭をしていた私は、（なるほどなぁ）と思って聞いていました。当時の来室記録メモには、こう書いてあります。

二年生の○子、△子　□子が、貸していた書籍を返しに来室。二〇分ほど雑談。『本音を言う＝たくさんの人が傷つく』『本音で生きること＝わがまま』というつぶやきあり。（歪曲した思い込み表現）↓例外はないのかの質問

このとき、生徒たちに質問したのは、「例外を見つける質問」です。
「自分の本音を言ったけど、相手も承諾したり、応援してくれた経験はある？」でした。

生徒は「そういえば、部活で思い切って自分の意見を言ったらみんなが納得したことがあった」「自分の考えを伝えることができたねってほめられたこともある！」と、生徒たちが思い込んでいたことと真逆の例外がザクザクと出てきたのです。

この日の来室記録メモには、『思春期の子どもの生きづらさの原因のひとつに自分の本音とどう付き合ってよいのかわからないということがあるのかも』とつづっています。

本音で生きることとわがままに生きることは別のことですし、本音を言っても、相

手を傷つけないための考え方や表現の方法もあります。しかし、自分がどうしたいのかを深く考えたり、自分の本音を伝えたりする方法を学ぶ場も、それを教える大人もいないのです。ましてや、自分が抱える問題について思考を深めたり整理する方法も、誰からも教えてもらってはいないのです。

あの夕刻の保健室の雑談から、15年が経ちました。

私は、現在、養護教諭を早期退職し、教育関係の会社を経営しています。仕事柄、全国の養護教諭の先生との交流があり、学校現場や家庭の中の子どもたちの様子が耳に入ってきます。その中で、最近、特によく耳にするようになったのが、「本音を言わない子」「決められない子」「自分を表現できない子」が増えたというお話です。

「保健室にやってくる子どもたちが、自分のことを話せない」
「本音を言うのが嫌で、察してほしいと言わんばかりに目で訴える」
「早退するか休養するかの意思確認をしても、決めることができない」
「本音を言わないというより、自分の本音や考えすらも持っていないのではないかと思う子がいる」

「どっちでもいい。なんでもいい。考えるのめんどくさい。先生が決めて！と人任せにしてしまう」

「深く考えて判断することをせず、その場の状況に流されて反応的に行動し、トラブルになる」

などの話を耳にします。


もちろん、自分の本音を表現できる子も、自分のリクエストを伝える子もいるのですが、ほんの一握り。保健室では、自分の想いや本音を表現できるような時間をかけた対応が、今まで以上に必要になっているというのです。事態は、15年前よりもっと悪化しているのでは？と危機感を覚えます。

文部科学省は「今求められる資質・能力」の中で「思考力・判断力・表現力」を挙げ、「子供たち一人一人が、社会の変化に受け身で対応するのではなく、主体的に向き合って関わり合い、自らの可能性を発揮し多様な他者と協働しながら、よりよい社会と幸福な人生を切り拓き、未来の創り手となるために必要な力を育む」と示しています。学校現場でも、「主体性の育成のための実践を」「思考力を高めるための指導法を」と、さまざまな実践が展開されています。

しかし、現場の努力が追い付かないほど、子どもたちの「思考力」「表現力」の低下、主体性のなさ（他人軸傾向）は、さらに深刻になってきているのです。

そもそも、私たち大人も、すべて本音で生きているのかと言われれば、決してそうではありません。私自身も、本音を言わずにいることで、ストレスがたまり、一気に爆発させせて大失敗した体験を何度もしています。

また、私が講座などで関わっている養護教諭の先生や保護者の方の中にも、「自分が本音を言わなければ、丸く収まる」「本音を言うことで、嫌われてしまう」「自分の考えが間違っているかもしれないから言えない」「人と違う意見を言うことが怖い」など、思春期の頃と同じパターンで思い悩んでいる方もたくさんいらっしゃいます。

なぜ、私たちは本音が言えないのでしょうか？

「本音が言えない」という問題は、単に「本音を言うか言わないか」という単純なものではなく、「本音を言うのが良くて、言わないのが悪い」ということでもありません。「言う」にしても「言わない」にしても、大切なのは、そこにどんな思考が働いていたのか？　その思考の中で何を決めたのか？　決めることができなかったのか？　どちらに決めたとしても、その決めたことに心から納得できているのかどうか？　ということです。

本音を言わないもとにあるのは「恐怖」という感情です。

本音を言うことで起きるリスクの存在は恐怖を引き起こします。「言わない」の選択を「感情」を基準にして決めると、そこにしこりが残り、スッキリしません。「本音を言う」「本音を言わない」のどちらを選択しても、十分な思考がなされていれば、その決定には主体性が存在します。主体的に決めたことであれば、それによって起きる結果について責任を引き受けられますし、そこから再び思考を深め、次の行動を決めることもできます。

また、言わないけれど、わかってほしいという気持ちがあると、言わなくても自分の気持ちを察してほしい、気持ちを感じ取って行動してほしいという表現をするケースもあります（目で訴えたり、泣いたりする）。相手に期待しているわけですから、その通りにならないと、ストレスはさらに強くなります。他にも、本音を言うことで、余計な責任が生じてしまうことを嫌がって黙っているという子もいます。

さらに、もうひとつ、教育現場の先生方を悩ませるパターンを持つ子どもたちがいます。それは「自分がどうしたいのかもわからない（本音がわからない）」というケースです。このケースがとても多くなったという現場の声があります。原因は、成長していく中で「思考する」「チャレンジする」「自分で決める」という体験が極端に少ないということです。

その背景にあるのは、子どもが自分で考えるべき場面で、その思考をジャックしている大人の存在です。多くの場合、その大人自身も「自分の意思を押し殺して大人の価値観に合わせて生きてきた」という傾向があります。

私たち大人が子ども時代に教えられた「こうすれば幸せになる」という神話は総崩れを起こしています。これから先の未来は、しばらくは混とんとするのではないでしょうか。

子どもたちが、自分の本当の気持ち（本音）を大切にし、不確実な未来をたくましく生きていくためには「潜在的に持っている自分の〈こうしたい〉を発見する」「自分が納得できる思考をし、自己決定して行動する」「様々な場面で最善の行動を選択し、決定する」ということが必要です。

子どもたちが自分の本音を知り、本音を表現して生きるということの根底にあるものは、「決めること」であると私は考えています。「決める力」が育つことは同時に思考力、判断力、責任感、チャレンジ力も共に育つと考えています。

本書では、「本音の表現＝決める力」という視点から、

①子どもたちの現状
②子どもの葛藤が起きる場面と理由
③決め方のルール
④決めるトレーニング
⑤より専門的な脳科学的アプローチ

の5つに分けてお伝えしています。

本音を表現し、本音で生きていくための「決めること」の奥深さを多くの方に知っていただき、子どもたちだけでなく、大人の皆さまの人生のためにも役立てていただければ幸いです。

## 目次

保健室から見える 本音が言えない子どもたち

# 第2章 「自分で決める」チャンスを奪ってしまっていませんか？

第3章

# 大人も知っておきたい「決め方」のルール

カバーイラスト　pon-marsh
本文イラスト　富永三紗子
本文デザイン　浦郷和美
DTP　森の印刷屋
校正　鷗来堂

# 第1章

# 保健室で出会った「本音」を言えない子どもたち

「決められない」「察してほしい」
…事例に見る心のパターンとは

ここからは、弊社の受講生（養護教諭の先生）へのアンケート結果から、「決められない子どもたち」の事例を紹介します。

## 01 察してほしい中学生（A中学校の事例）

本校の保健室では、緊急性のない体調不良の生徒が来室した場合、「早く回復するためには、教室復帰・保健室休養・早退」の選択を生徒自身がするという基本的な姿勢をとっています。しかし実際には、この問いに答えられない子が少なくありません。

自分の状態についてのやり取りはできるのですが、いざ、「どうするか」の選択の場面になると、何も言わずにフリーズする子もいます。答えはするものの「親が仕事で迎えに来ることができないんです」とか「早退したら親に怒られるんです」と言うだけで、肝心の「自分がどうしたいのか」を言わない子が半数以上います。自分が答えた内容から、「察してほしい」という猛アピールをしてくるのです。

「先生は、あなた自身がどうしたいのかを話してほしいな」

「早く回復するために、自分がどうしたいかって自分の希望を言ってもいいんだよ。あなたの体だから、あなたの考えを大事にしたい」

と伝えると、はっとした表情をして、やっと本音が出てきます。生徒たちを見ていると、「自分がこう思う」ということを表現するには、他者からの許可が必要なのかなということを感じています。

## 先回りして決めてしまう大人たち

自分の気持ちをはっきり言わず、いろいろな状況の説明ばかりに終始し、大人に察してほしいというコミュニケーションをとる子どもは保健室に限ったことではありません。教室での意思決定の場面でも同じようなことが起きています。

このような子どもの背後には、察して動いてしまう大人がいることが考えられます。小さいころから「自分で決めていいんだよ」「どうしたいのか言ってごらん」というチャンスを与えてもらえなかったのかもしれません。または、どうしようかと考えている途中で、大人がしびれを切らし「さっさと決めなさい」とせかしたり、大人が先回りして決めてしまっている可能性があります。このような状況で育っていくと、子どもは自分の考えを表現することをあきらめてしまいます。

最近、耳にするのは、子どもに「自分で決めていいよ」とか「どうする？」と意見を訊いておいて、実際に子どもが意志表示をすると「なんでそんなものを選ぶの」と子どもの選択を否定するというパターンです。これでは、子どもは、自分が尊重されていないと感じ、自分の意見に自信が持てなくなってしまいます。

## 対応の工夫…「決める」ハードルを低くする

この事例の養護教諭の先生は、「自分の気持ちを言ってもいいんだよ。あなたの気持ちを大事にしたい」ということを伝えてくださっています。この言葉に、この生徒はどんなに救われたことでしょう。自分で決めてよいというメッセージやあなたが決めたことを尊重して応援するよという大人の態度は、子どもたちの「決める」というハードルを低くするという点でとても大切なことです。

# 02 先生に「決めてほしい」と言う高校生（B高校の事例）

保健室に来室しても、決められない子が多く、日々どうしたものかなと感じています。体調不良で来室した生徒へは、当然ですが、まずは問診、検診等で緊急性を確認します。たとえば、次のような意志確認をしています。

「体温は○○。脈拍は▲▲。顔色は□□。平常時に比べると少し体温が高いね。このあと、自分はどうしたいかな？」

しかし、この問いに、首をかしげるだけの子や「え？」というような表情をする生徒もいます。

「どうして、先生が決めてくれないの？」と言われたこともあります。

最近は、次のように選択肢も伝えます。

「早退してもよし、教室でちょっとやってみるもよし、保健室で休養してから決めるってのもあるよ。教室に戻っても、やっぱり駄目だと思ったら、また来室すればいいしね（教室に戻ると決めたら、もう来室してはだめと思っている子もいるので）」

しかし、それでも「……」と無言または無言で首をかしげるだけの子もいます。やっと答えてくれても、「まだ頭が痛くって……」と、いかにしんどいかを答えるだけというケースがほとんどです。

長年の経験から「この子は、早退させてほしいと思っているのだろう」と察することができます。しかし、もう高校生です。まだまだ親の保護下にはありますが、卒業すれば社会に出る子もいるし、進学して一人暮らしをする子もいます。そう考えると、今の自分に必要なことを考え、決めて実践する機会を作りたいなと思うのです。

そうした考えから「自分で決める」ことの大切さを保健室経営の大切な基本スタンスにしています。しかし、「こうします」と自分で決められる生徒は本当に少ないなと感じています。

これは、保健室での体調のことだけでなく、学校生活の様々な場面で見られる傾向です。自分の意見を言うこと、自分の想いを表現することが苦手な子もいて、担任からも「困ったなぁ」という話を聴いています。生徒たちの将来も見据えて、学校全体を通しての「自分の考えを表現する」取り組みの必要性を感じています。

## 学校と親がすれ違う場合

この事例のように、「先生が決めてくれたらその通りにします」と言う生徒がいます。決めた経験が少ないのか、決めることを拒否しているのかはケースによって違うように思います。自分で早退すると決めても、あとから親に「なんで早退したの」と言われてしまうという子どももいるそうです。

その生徒は、「だから、先生が決めたからって言うんだ」と訴えるのだそうです。

自分で決めることの大切さを伝えたいと考えている教師と、保護者の方の中には、「親と違う考えを持つ」こと自体が気に入らないという方もいらっしゃるようです。

そのあたりのお互いの価値観のすり合わせの必要性を感じます。

## 対応の工夫…「自分の考えを表現する」大切さを伝え続ける

この事例では、養護教諭の先生が、選択肢を示し、子どもが自分の考えを伝えやすい状況を作っていらっしゃいます。それでも、決めることができない子どもはいます。

養護教諭の先生がおっしゃっているように、「自分の考えを表現する」ことの大切さを、学校教育全体で繰り返し伝えていく必要性を感じます。

保健室の生徒の様子と対応の方針を、学校全体で共有し、担任の協力を得ながら、そのことが生徒の将来を生き抜く力にもつながっていくのだと保護者の方にも伝えたいところです。

# 03 自分が決めたことにしたくない高校生（C高校の事例）

先日、体調不良で来室した生徒に、検温や問診などをし、今の状態を伝え「（早退か休養か）どうしたいですか？」と尋ねると、「じゃあ早退します」と決めることができました。

「では、いったん教室に戻って、先生に早退することを伝えてね」と伝えました。その後早退し、無事、自宅に到着したことを確認しました。

その後、担任と本人のことで情報の共有をする際に、驚くようなことがありました。その生徒は、「保健室の先生が早退しなさいと言ったので早退します」と伝えていたのです。「自分で決めることができてすごいなって思っていたんですけどね」と言う私（養護教諭）に、担任も「そうですよね。自分で決めたのなら、そう言えばいいのにね。何も悪いことじゃないのに」と首をかしげていました。

このような生徒は、ほかにも何人かいます。このケースの後、「自分の体のために自分で考え、必要ならアドバイスをもらう」ということの大切さを、保健だよりや担任のミニ指導などを通して伝えています。

## 間違えること＝悪いこと？

「自分で決めたこと」に自信を持てない子がいます。理由はさまざまですが、何かあったときに責任がかかるのが嫌で、誰かが言ったことに従っただけというのが無難だと考えるのかもしれません。中には、自分が選んだことが正解なのかどうなのかを気にするというケースもあります。

間違えること＝悪いことで、間違えることで自分がダメだと感じるという思い込みがあるのかもしれません。

私の現場経験でも、自分の意見や考えを尊重されてこなかったという子どもがいました。その子は、成績優秀といわれてきたこともあり、よけいに間違ったことは言わない、とか誰かほかの人の意見だからという表現をしていました。とても生きづらかっただろうなと思います。

## 対応の工夫…言語化していく練習をする

自分はこれを選択する、こうすると決めた理由を、言語にしていく練習をするというのもひとつの方法です。

なぜそれを選んだのか、それを選ぶことによるメリットとデメリットを書き出し、デメリットに対してはどうするのかと分けて考えるというトレーニングなどもよいと思います。慣れないうちは、大人が丁寧に一つひとつ質問し、それを書き出します。

そして、次のような文章テンプレートで、自分の思考を自分の言葉で書き出し、声に出して読んでもらいます。

**私は（ぼくは）〇〇を選択します。そのメリットは〜で、そのデメリットは〜です。デメリットに対しては〜をします。自分は〜と言う理由でこれを選びました。**

こうすることで、自分が決めたことを、誰かに伝える際の不安や抵抗が減り、自分の想いを表現するトレーニングにもなります。

このような丁寧な関わりを続けることで考えを整理し、表現しやすくなります。

# 04

## 不満は言えるけど、どうなりたいのかが決められない中学生（D中学校の事例）

本校では、生徒の相談に乗る際には、現状の話をしっかりと聴き、次のステップとして、その問題が解決した「ちょっと先の希望の未来像」を明確にする関わりをしています。こうしたコーチングコミュニケーションを取り入れることで、生徒自身が解決像に向けての小さな行動を決め、少しずつ、ゴールに向けて動き出せるようになりました。同時に、保健室と学年教師が連携して生徒の行動に併走できる体制を作っています。

しかし、生徒の中には、自分の現実の不満や自分がいかに不幸であるかは、いくらでも話せるのに、この現実をどう変えていきたいのか？　という「未来の解決像」を質問しても、答えられない子がいます。

絞りだしたとしても、「○○君がいなくなればいい」「担任を変えてほしい」など、原因は外側にあるという思考で、その原因を排除するという表現に終わってしまいます。「こんな毎日はいやだ。誰もわかってくれない」という今の不満や、「これをしたら、きっと周りはこう思うに違いない」という未来の不安を想像することはできるのに、問題が解決した未来をイメージできないのです。

そこで、言語ではなく感情の視覚化を手掛かりに、解決した未来をイメージさせてみようと試みました。使用したのは、「福笑い型メタ認知教材　き・せ・かお」（ハートマッスルトレーニングジム製／2022年）です。「き・せ・かお」を使って、生徒に今の自分の顔と未来の元気になった自分の顔を2つ作ってもらい、その表情が言っているセリフから、未来の自分の状況を明確にしていきました。

すると、言語のやり取りだけでは、イメージできなかった「望む未来」の状態が少しずつ明確になり、そこをゴールとしてのスモールステップの行動支援につなげることができました。

子どもたちの語彙が少なくなっている中、教材などを活用して自分の気持ちを表現したり、未来のイメージを話す、否定せずに聴いてもらう、他の人の意見も聴くというコミュニケーションの工夫をしています。

## イヤなことをなくすことばかりにフォーカスしてしまう

不平不満は山のように言うけれど、「この状態がどうなったらいいと思う?」という未来の解決像を答えられない子がいます。自分がいかに大変でかわいそうかを話すだけのコミュニケーションに終始してしまうのです。

こうした状態になっている子どもたちは、イヤなことをなくしたいことにフォーカスし、そのイヤなこと(外側にあると思い込んでいる)を取り去れば、毎日が良くなるという思考を強く持っています。しかし、イヤなことを取り去ったとしても、そのあとにどうなりたいのかを決めていないと、また、同じような「イヤなこと(と本人が認識している)」が、繰り返し起きることになります。

どうなりたいのかを決めるということは、次の行動のために必要な情報を脳が検索するためにとても重要なのです。

## 対応の工夫…感情を視覚化する

この事例では、養護教諭の先生が、この生徒が言語化が苦手だということを理解されています。話をさせるだけでは、不平不満しか出てこないと判断されたのだと思います。

そこで、感情を視覚化する教材「き・せ・かお」を活用して、それを養護教諭と生徒との間に挟み、話を進めていらっしゃいます。今の状況をどう変えたいのかを言語では表現できない生徒に、今の状況から脱して元気になった顔を作ってもらっています。不思議なことに表情ができると、言葉が生まれます。そこで、養護教諭の先生は吹き出しもつけて、そこから言葉を拾い出されています。「元気になった自分の表情」と「吹き出しに書かれた、そのときの言葉」を視覚化して共有することで、子どもたちの気づかなかった本音を引き出すことができるのです。

# 05 誘われたけど迷っていて決められない小学生

## （E小学校の事例）

6年生男子が、担任の先生と一緒に来室しました。顔色が悪く、元気がないので、ちょっと話を聴いてやってほしいとのことでした。熱も脈拍も平常であったことから、何かあるのではないかと担任と一緒に、話を聴きました。この男子児童の話はこうでした。

「クラスの友だち数人に、週末にショッピングセンターに一緒に遊びに行こうと言われたが、どうしていいのかわからない。ずっと考えていたら、ふらふらしてきた」

そこで、決められない理由を聴きました。

「行きたい気持ちもあるけれど、ちょっと距離があるから疲れちゃうかなとも思う。でも、断ると誘ってくれた子が怒るかもしれないし、だったら、一緒に行こうかなとも思うし。行ったら何時までいるのかわからないし、みんなの話についていけないこともあるので、本当に楽しいのかなと不安になる。かといって、断った後に気まずくなると、それもずっと気にしてしまうから、めんどくさいし……。どうしよう……」

そう話すと、とうとう泣き出してしまいました。

子どもたちの中には、頭の中で、堂々巡りをしていて、「決められない」「どうしたらよいのかわからない」という子がいます。以前は、このような悩みに対して、自分の経験からアドバイスすることが多かったのですが、人のアドバイスで動いてうまくいかないと、「先生のせいだ」と、人のせいにする子も多く、頭を抱えることがありました。

最近では、決められない子どもに対し、「迷っているときは、分けて整理する」という保健室コーチングで学んだ原理原則をもとに紙やホワイトボードに書き出して対応しています。

この児童の場合、次の点を整理しながら、養護教諭と児童の間に1枚の紙（B4サイズ）を置き、それぞれの項目をカラーペンで図式化しながら、「見える化」しました（質問を書き出し、養護教諭が児童に対し、質問をし、それを書き出していきます）。

①行くことのメリットは？
②行くことのデメリットは？
③行かないことのメリットは？
④行かないことのデメリットは？
⑤行くか行かないかを決めるとき、何を一番に考えますか？　二番目は何ですか？
※たとえば自分の時間なのか、相手との関係性なのか、行った先での楽しさなのか
⑥行かないことで起きるデメリットに対して、できることは何かな
⑦行くことで起きるデメリットに対して、できることは何かな

少し時間はかかりましたが、頭の中でごちゃごちゃと考えていたことを「分けて整理して見える化」することで、この児童は、「やっぱり行かない」と決められました。「行かないことで相手を不機嫌にさせるのでは？」というデメリットへの対応について質問すると、「保健の先生に断り方を相談すればいい」と答えたので、それも一緒に考えることができました。

養護教諭自身、以前は「どうして、決められないんだろう」と、現状を嘆くばかり

でした。しかし、思考を整理し、本人なりの「決める基準」がわかると、自分で決めることができるのだと実感しています。

## 迷いからマイナス感情が引き出されているパターン

保健室にやってくる子どもたちの中には、迷っている、どうしたらいいのかなという相談をしてくるケースが多々あります。多くは人間関係で、こうしたほうがいいと思うけど、でもなぁ……という感じです。

迷っているときというのは、思考しているわけではなく、事実や解釈や妄想がグルグル回り、それによってマイナス感情が引き出されている状況です。こうした場合、ついつい大人がアドバイスをしてしまいがちです。しかし、そうすると「思考法を学ぶチャンス」を大人が奪ってしまうことになります。

選べない、こっちのほうがいいと思うけどそこには不安がある！　決められない！　どうしよう！　考えているうちに頭が痛くなる子や腹痛を起こして保健室にやってくる子が多くいます。

## 対応の工夫…考える視点を与えて思考を整理する

この事例では、養護教諭の先生が、傾聴の段階で「思考整理」をされていらっしゃいます。思考を整理するために、考える視点を一つひとつ提示されています。

保健室コーチングの傾聴では、混乱した思考を整理しながら話を聴きます。「分けて聴く」「分けて考える」ことが、とても有効です。

つらい状況に完全に入り込んでしまっていると、視野も狭くなり、解決のためのアイディアが浮かんでこないのです。何しろ、脳のメモリがいっぱいになって思考のためのスペースがないのですから！

手順としては、この感情にどっぷりはまった状態（アソシエイト状態）から抜け出させ、客観的にロジカルに思考する手順を子どもと一緒に丁寧に行います。その結果、子どもは、自分の問題を客観視し、どうするのかを冷静に考えることができるようになります。

# 06 一人では決められるのに友達と一緒にいると決められない（F中学校の事例）

保健室で養護教諭と1対1で話をすると、自分がこうしたいということをたくさん話してくれる女子生徒Aさん。この生徒がある日、友人と一緒に来室しました。クラス内の別のグループとちょっとしたトラブルが起きて、相談したいとのことでした。

友人が「とにかくもう、嫌なんだけど」と強い口調で言っているのを、Aさんは黙って見ているだけです。そこで、Aさんに、今回のトラブルについて、どう感じているのかを聴いてみました。ふだんの彼女は「私はこの問題をこう感じていて、こうしたいと思っています。先生の意見はどうですか」と自分の意見を伝えたうえで、アドバイスを聴いてくるのですが、この日は違いました。もじもじして、一緒にやってきた友人の顔色ばかりを気にしているようでした。

その日は、とにかく愚痴を聞いてほしいという友人の子の希望もあり、そのまま教室に戻りました。翌日、清掃でやってきたAさんに、声を掛けました。

「いつもなら、自分の意見をちゃんと言うのに、あの日はどうして黙っていたの?」と尋ねると「グループの中では、自分の意見を言わないようにしているから」と答えました。理由を聞くと「自分の意見が周りのみんなと違うと怖いから」という答えが返ってきました。

自分だけのことなら、決められるけど、友だちとの意見のすり合わせが必要になると億劫になるようです。中学生の生きづらさの一面を垣間見たように感じました。当の本人は、「今のままで変える気はない。そのほうがうまくいく」と言っていました。それもまた、本人が決めたことなので、「何とかしたい」と思うまでは、様子を見ることにしています。

## 「意見が違う=仲間ではない」という思い込み

自分の意見を友だちの前では言わないという子がいます。

自分の意見が友だちの意見と違っていることでトラブルになるのを避けるためと、子どもたちは言います。ここに子どもたちの「意見が違う=仲間ではない」という思い込みが見えてきます。極端な場合は、友だちであれば、意見も考え方も好きなものも全部一緒でなければと、文房具をお揃いにしたり、お揃いのTシャツまで作って「仲間アピール」をするグループもいます。

こんな状況では、「私はこう思う」と言うことは、即、「あんた、仲間じゃない」と言われそうという妄想となり、なかなかできないというのが、子どもたちの現実のようです。

## 対応の工夫…「和」と「同調」は別のもの、と教える

この事例の養護教諭の先生も「本人は変える気はない」と「決めている」ので、本当に何かに困ったときに、支援をするということになると思います。

ただ、様々な機会に、様々な方法で、「和と同調は別のもの」ということを子どもたちに教える必要があると思います。

「和」の意味は、「一人一人の違いの尊重」。そこから新しいものを生み出すことです。しかし、「同調」は「判断、態度、行動について、同一のあるいは似たような行動を

とること。その場の空気が作り出す独特の考え方や価値観に合わせようとすること」です。

和と同調を混同していると、それは人間関係の苦しさを生み出してしまいます。そして、意見の違うとき、どのようにして話し合いをするのか、意見のすり合わせの方法も、家庭や学校で教えていただきたいと思います。

その具体的な考え方も、のちほどお伝えいたします。

# 第2章

# 「自分で決める」チャンスを奪ってしまっていませんか？

子どもの葛藤が起きる場面と５つの理由

# 01 意思決定できない場面とは

自分がどうしたいのかを決められない子どもたち。頭が混乱して、どうしたらよいのかわからないと答えを丸投げしてしまう子どもたち。ひと言で「決められない」と言っても、いろいろな場面があります。

①意思決定や意志表示が必要な場面
②未来の解決像（ゴール）を決める場面
③自分の意見を決める場面
④たくさんの選択肢から1つを選ぶという場面
⑤たくさんの人の意見から自分なりの決定をする場面

右記の5つの場面で「決められない」ということが多くあります。

具体的には、「早退しますか？　休養しますか？」という意志表示を求められたり、「今の状況をどのように変えたいですか」など、自分の未来の状態や解決像を考える、あるいは「これから何をするのか」など、白紙の状態から自分の今後の行動について思考し判断することが求められる場面です。

このような場面で「決められない」と感じている子どもたちは、「自分の本音がわからない」に近い状態です。

- 困ったことや不満はたくさん言うけれど、この現状をどう変えたいのかという視点で考えたことがない
- 自分はどうしたいのか、自分で考えたことがないからわからない
- 指示されていないから、自分が何をすればよいのかわからない

また、「迷っていて決められない」という場面も多々あります。「誘われたけど、どっちにしてよいか迷っている」など、感情が絡《から》んで「決められない」と感じるもの、「やればよいと頭でわかっているのにやると決めきれない」「いろ

いろな人が違う意見を言うので混乱してどうしたらよいかわからない」というものなど、いろいろです。保健室に持ち込まれる事例としては、進路選択や人間関係の中で起きる葛藤などは、ほとんどこれにあたると思います。

何かを選択するということは、何かを手放すこと。決断とは「決めて断つ」と書きます。決めることはできても、それによって何かを断つ（失う、手放す）のだと考えるとどうしても躊躇《ちゅうちょ》してしまうのです。子どもたちの話を聴いていても、このあたりで悩んでしまう子は、とても多いように思います。

意見を
言うべき？
もう少し
がんばる？
がまん
したら？
決められない

# 02 決められない子どもたちの背景にある5つの理由

それでは、決められない理由は何でしょうか？　これまでの現場経験や弊社受講生が関わったたくさんの事例から次の理由が考えられます。

①自分で決めるという経験の不足
②大人妖怪「ツクシてあげ騎士（ナイト）」と「障害物スイーパー」の存在
③決めるときの基準や迷ったときの思考の方法を知らない
④決めた自分自身を信頼できない
⑤決めた後で起きる結果を引き受ける覚悟がない

## 自分で決めるという経験の不足

子どもたちの日常の中で「自分で決める」という体験が少ないということを強く感

じます。もちろん、決める、行動する、完結するという一連の体験を小さいときから重ねてきた子もいます。しかし、現場の先生方からの話を伺うと、そのような育ち方をしている子は、年々少なくなってきているようです。

小学校の養護教諭時代、保健室にやってきた5年生の児童がこんなことを言っていました。

「お母さんは、ぼくに『どれがいいと思う？』と聞いておいてぼくが選んだものにケチをつけるんだよ。『なんで、そんなもの選ぶの？ こっちでしょ！』って言って、結局、ぼくの気持ちなんて無視するんだ」

彼は、そんなことが日常茶飯事だから、「ぼくは、お母さんに嫌われているんだ。でも、妹は、お母さんの言うとおりに従うから、かわいがられるんだ」と言っていました。自分の意見を持っている子どもも、大人の関わり方によっては、自分の考えを持つことや本音を言うことをあきらめてしまうのかもしれません。

中学校でも進路について悩む生徒から「進路は自分で決めなさいと言っておいて、本当に行きたい学校を行ったら、無理に決まってるでしょ！ って否定してきた。腹が立つ。もう二度と言わない、親には相談しない」という相談を受けたことがあります。

親にしてみれば、子どもたちに間違えたことを決めてほしくない、世間的に正しいといわれているものを選ばせたいと考えるのも理解できます。子どもは未熟だから、大人が正しい（と思っている）方向に導かなければという真面目な想いが、そうさせてしまうのかもしれません。結果、こうしなさい、ああしなさいと口やかましくなってしまうのでしょう。

親や教師自身が、「自分で自分のことを決めてこなかった」「親が決めた道を歩いてきたことに抵抗を感じていない」というケースでは、子どもたちが自分で決めて何かをしようとすることに、言いようのない恐怖や不安を感じるということもあるのかもしれません。

## 大人妖怪「ツクシてあげ騎士（ナイト）」と「障害物スイーパー」の存在

少し深刻なケースですと、子どもが自立するのが怖いと感じ、あれやこれやと指示をしてしまい、「うちの子、私がいないと何もできなくて」と言ってしまうことがあります。ＰＴＡ講演などでは、それは、子どもの主体性を奪う「ツクシてあげ騎士（ナイト）」という大人妖怪ですよというお話をします。

「してあげること、子どものために献身的になること」が、母親の務めであるという風潮が日本には根強くあります。そうした文化的な背景からか、必要以上に先回りしてしまう方もいらっしゃるように思います。


こんな事例があります。

明日の持ち物がわからないと夜になってから子どもが言ってきたというお母さん。ママ友ＬＩＮＥで聞きまくって、なんとか持ち物の情報をゲット。子どもは、「持ち物がわからない」と言っただけで、お母さんが、先回りしてしまうのです。これは本当にやさしさでしょうか？　長い目で見て、子どもにとってプラスでしょうか？

子どもがこうしてほしいと言葉にしていないのに、勝手に察して動いてしまうと、何も言わなくても周りが動いてくれるのが当たり前となり、自分の考えを言う必要も決める必要もないという子が育ってしまいます。先生や友達が「自分がどうしたいのかを言いましょう」と言葉を促そうとすると、「うちの子が困っているのに、なんでやってくれないんですか」というクレームさえ言われる方もいます。

そして、残念なことに、教師の中にも、子どもが何も言わないのに「こうしてほしいのだろう」を勝手に察して先回りしてやってあげる人がいます。超多忙といわれる学校現場ですから、「あなたはどうしたいのかな」「自分の言葉で言ってみようか」という問いかけをする時間も惜しく感じてしまうかもしれません。しかし、それはその子が成長していく段階で経験すべき思考の機会を奪い、言語化のための学びも奪ってしまっているのです。しかし、それは本当に優しい先生でしょうか？　役に立った自分、人の気持ちを察して気の利いた対応ができたという自己満足であって、本当にその子の将来のことを考えていないのではないでしょうか？

それは、一時的には「優しい先生」といわれるでしょうが、長いスパンで考えれば、子どもの成長のチャンスを奪っているだけなのです。

また、子どもの失敗を必要以上に不安に感じる方（保護者・教師）もいらっしゃいます。子どもが失敗したり、うまくいかないと「かわいそう」と感じたり「自信を失うのではないか」という不安を持ってしまうようです。そのため、子どもの目の前にある障害物となるものを事前に全部取り払ってしまおうとするのです。

気持ちはわかりますが、大切なのは、失敗しないことではなく、うまくいかない体験を次に生かすということです。それによって、さらに工夫をし、思考し、また新たにチャレンジすることで、主体性（思考力・判断力・責任・チャレンジ力）を育てていくことができます。

## 決める基準や迷ったときの思考の方法を知らない

中学生、高校生の相談内容の中に、「進路」に関する内容があります。養護教諭の先生に進路の話をしても、進路指導はできないでしょと思われるかもしれませんが、そんなことはありません。

「どの高校を選べばよいのかわからない」「どうやって志望校を決めればよいですか」「親が勧める高校と自分が行きたいと思っている高校が違っていてケンカになる」など、深刻な想いを抱えてやってくる生徒も多くいます。

こうした生徒の話を聴いていると、何かを決めるときの基準がはっきりしていない、迷ったときにどのように思考すればよいのかを誰からも学んでいない、ということを感じます。子どもたちは、いろいろな大人からいろいろな意見やアドバイスを受けるのですが、ピンと来ていないのです。ひどい場合は、「お前の成績ならこの学校しか選択肢はない」などと言われてしまいます。そんな言われ方をされてしまうとモチベーションだって下がります。

**家庭でも、学校でも、大人は、それぞれの経験や価値観からのアドバイスはするけれど、「決める方法」や「迷ったときの思考の方法」を誰も教えていないのです。**「決めなさい」「夢を持ちなさい」「こうしたほうがいいよ」という口先だけの指導では、子どもたちの主体性は永遠に育たないのではないでしょうか。

## 決めた自分自身を信頼できない

子どもだけでなく、大人の方の中にも、自分が決めたことを周りがどう思うのかをしきりに気にされる方がいます。

私のクライアントさんや受講生さんの中にも、「自分が決めたことを周りから批判されるのではないかと思うと不安になり、決断できない」「自分が決めたことは正解ではないのかもしれないと思うと、とても怖い」「多くの人が選んだものを選ばなかった自分は間違っているのだと自分を否定してしまう」とおっしゃるのです。自分がこうしたいと思うのだから、それでよいではないかと思うのですが、そこに恐怖を感じるのです。

なぜなら**「それを決めた自分自身を信頼できないから」**です。この状態のときは、なかなか決められません。さんざん悩んだ挙句、「よりたくさんの人が選ぶものを選ぶ」「世間の常識から外れない程度で決める」「周囲に評価されるものを選ぶ」となるのです。それはそれで自分で決めたのだから、決めたことで起きることに対し、責任を引き受ける覚悟も必要です。

## 決めた後で起きる結果を引き受ける覚悟がない

C高校の事例で紹介した「自分でこうすると決めたけど、誰かがそう言ったから決めました」という高校生のように、自分で決めたことで、何かあったとき、自分が責められる、自分の責任になるかもという想いが強くなったときも、なかなか決められません。つまり、**決めたことで起きる結果を引き受ける覚悟が育っていない**のです。決めて実行してその結果を引き受けるという体験が少ないと、肝心なときに逃げてしまいます。

そのときに、子どもたちから出てくる言葉は「決めたらやらなきゃいけなくなる」「こうしたいんだけど、うまくいかなかったら、みんな、私のこと、ばかにするよね」「これを選択して、もしもうまくいかなかったらどうしよう」という不安ばかりです。

決められない子がいる一方で、自分の行動に責任を持つことができない子どもたちもいます。学校の人間関係トラブルでもよく聞かれる「ぼくはやりたくないと思ったけど、○○君がやれと言ったので、やりました」という言い訳をする子どもです。

子どもたちの中には、無言の上下関係があり、「NO！」と言えない人間関係もあることは確かです。それでも、相手に指示通りにやると決めたのは、自分なのです。決めることは、その結果を引き受けることだということを、家庭でもしっかりと教える必要があります。しかし、実際には、保護者の方も一緒になって「この子のせいではない」とかばってしまう事例も多々あり、とても残念に思います。

自分で決めてよい選択の自由。決める自由を与えながらも、そこに付随する責任というものを、体験を通してきちんと学ぶことができれば、子どもたちの「決める力」は、もっと育っていくのではと思います。

子どもたちの「決められない思考を知る」資料もあります。巻末にダウンロードできるＱＲコードもつけてありますので、ご活用ください。

| NO. | 質問項目 | あてはまる | ややあてはまる | あてはまらない |
|---|---|---|---|---|
| 1 | 不確実なものを選ぶことに、恐怖を感じる | | | |
| 2 | それを選んだことを周りの人がどう思うのかを気にする | | | |
| 3 | 選択の結果を引き受けるのが怖い | | | |
| 4 | 変化することや新しいことへのチャレンジに戸惑うことが多い | | | |
| 5 | 現状維持しようとする | | | |
| 6 | 正解を選ぼうとする、正解を探そうとする | | | |
| 7 | 誰かがやってうまくいったものをやろうとする | | | |
| 8 | より多くの人が選ぶものを選ぼうとする | | | |
| 9 | 権威のある人が言っていることをもとに選ぼうとする | | | |
| 10 | こうなったらどうしようの不安に振り回される | | | |
| 11 | がんばってもうまくいかないと考えてしまう | | | |
| 12 | 周囲に評価されるものを選ぶ | | | |
| 13 | 自信があることだけをやろうとする傾向がある | | | |
| 14 | 過去にうまくいった方法が手放せない（それに執着する） | | | |
| 15 | 自分が選んだことで誰かに迷惑をかけるのではないかと不安になる | | | |

# 03 誰かの期待を生きる子どもたち

決めているようで、実は、誰かの期待に沿うために自分の本音を押し殺した状態で「決めている」子もいます。次に紹介する事例は、進路に悩む中学生や高校生に対応された養護教諭の先生の体験談です。

親は子どもの幸せを願うあまり、時に「これが正解」と信じている方向へ強引に向かわせようとしてしまいます。**子どもが、自分の本音で、本当に納得したうえで、決めているのかどうか**、私たち大人は見極める必要があります。

## 事例1 「本当はどうしたいの」のカードに号泣した生徒

進路に悩む中学生の生徒が保健室に来室しました。

この生徒は母親と進学校から有名大学に進学した姉から、常に「あなたも○○大に入りなさい。そのためには○○高校くらいには入らないとね」と言われていました。

しかし、成績は振るわず、「どうすれば成績を上げられるか悩んでいる」ということでした。対応には「質問カード」（ハートマッスルトレーニングジム製／2011年）を使用しました。4枚目のカードを引き「本当はどうしたいの？」という質問が出た瞬間、大号泣しました。

「本当は母親や姉が行けという高校なんか行きたくない！」と言いました。

その後、彼女は自分の希望した高校に進学しました。進学後、中学校に顔を出したときには高校生活を楽しんでいることや、将来は動物に関わる仕事につきたいことなどを話してくれました。

## 事例2 父親の人生を生きている高校生

「試験の点数が悪くて落ち込んでいるので休ませてほしい」と男子生徒が来室しました。

そこで、「ちょっと気分転換に遊ぼうか」と誘い、「ぼやきすごろく」（ハートマッスルトレーニングジム製／2022年）を使ってみました。普段はとても元気なこの生徒が、すごろくを始めると、前半は、消えそうな小さな声で「何をやってもダメ」「何のために、誰のために勉強しているのかわからない……」「自分が何がしたいのかわからない……」とぼそぼそつぶやいていました。

ところが、すごろくのある部分にとまると堰を切ったように一気に話し始めました。父親のプレッシャーが強く、「○○大学以下は×」と言われていることなど、いろいろなことを話し始めました。その後、別のワークをしてみると、本人も父親の価値観の押し付けに反発を感じながらも、その影響をかなり受けていることがわかりました。このワークでは、父親の想いも理解し、「父親とちゃんと話し合った方がいい」と気づきました。

再びすごろくに戻ると、だんだん声が明るくなり、「オレ、実は●●がすごく好きで、そういったことを自分がやるのもいいし、プロデュースもやりたいんですよね」と、目を輝かせて話してくれました。

最初は父の家業がどうのと言っていたはずだったのに、びっくりでした。

そして、すごろくでゴールしたときには「自分がやりたい道に進むために学べる大学をこれから探します。そして、父親にプレゼンします！」と力強く話していました。「父親の人生を生きているなぁ」と感じた生徒でしたが、保健室を出るときは、ちょっとたくましく見えました。

## 事例3 苦手なことから逃げてしまう生徒

苦手なことにチャレンジすることができず、さまざまな理由で頻繁に保健室にやってくる生徒の事例です。その生徒が、先日やっと重い口を開いてくれました。

「私は、小学校までは、失敗したことがなかったから、失敗したら立ち直れないのではないかと思うと怖いんです。そして、お母さんに強く言われると、何も言い返せなくなるし、うまく話せなくなる」ということを話してくれました。この本音を吐き出してからは、これまで逃げてきていた授業は出席するようになり、体調が悪くて保健室で休むときも「授業の前半だけ休ませてください」と言うようになりました。

## 3つの事例から

これらの事例は、**大人が描く「これが子どもの幸せ」という強い信じ込みによる強制が、子どもが本音を言うチャンスを奪ってしまった**という事例です。

親に受け容れてもらうために、その期待に応えようとしてもがいている事例を耳にします。子どもへの愛情のつもりが、いつの間にか「子ども不在の大人の妄想」と化してしまった結果、お互いが幸せから遠ざかってしまうとしたら、それはとても悲しいことだと思います。

# 第3章

# 大人も知っておきたい「決め方」のルール

現実を作りだしてしまう言葉と脳の関係

# 01
# 「決める・行動する・完結させる」の重要性

子どもたちの中には、「自分で決めることはできないけれど、言われたことはちゃんとやっているから、決めなくても問題はない」と考えている子もいます。

また、保護者の方も「うちの子は、言われたことをちゃんとまじめにやっている。成績もよい。何も問題はないのに、『自分で決められるようになるといいですね』と個人懇談で言われ、納得できない」という方もいらっしゃいます。

確かに、こうした子どもは、生徒指導上で問題に上がることはほとんどありません。しかし、長い目で見て、**「自分で決める、行動する、完結させる」という体験が少ない子は、社会に出たときに、躓《つまず》いてしまうことが少なくなりません。**自分の意志表示をすることや何かを決めることは、とても大切です。

ここからは、小中学生向けの講演の内容をもとに、「決めることはどうして大切なのか」を脳の科学から説明していきたいと思います。

大人自身がこのことを理解することで、家庭や学校での子どもたちへの言葉がけや主体性を育てるためのヒントになります。学校では保健だよりや学級指導で、ご家庭ではさまざまな機会をとらえて、ぜひ子どもたちに伝えていただきたいと思います。

小学生や中学生向けの講演では、「決めること」の大切さを伝えるために、子どもたちに脳の仕組みのお話をします。テーマによって多少の違いはありますが、基本的には、次のことを伝えています。

①脳にはカーナビがあり、カーナビを動かすには決めることが必要
②脳のカーナビを上手に使うには、言葉の使い方を変える
③脳のカーナビを上手に使うと、現実や能力や行動に違いが起きる

小学生にそんな難しいお話を？　と思われるかもしれません。子どもたちには、クイズや事例を紹介しながら話を進めていますので、小学校5、6年の子どもたちも、十分理解してくれます。

## ①脳にはカーナビがあり、カーナビを動かすには決めることが必要

学校で児童生徒向けの講演をする際に、子どもたちに、講師の私がどんなルートでこの学校にやってきたのかを「Google MAP」で示します。

「Google MAPやカーナビは、とても便利だね。ここに行きたいといって目的地を入力するとそこに行くためのいろいろな行き方を示してくれますね。実はナビゲーションシステムは、パソコンやスマホや車だけでなく、私たちの脳の中にもあります」

こう話すと、子どもたちはへぇという顔をします。

しかし、せっかく脳の中にそんなすごい機能があっても、「目的地」を入れないとただ目の前の道を表示するだけです。車のナビも、目的地を入れていないときは、ただ目の前の道を表示しているだけです。もったいないですね。しかし、目的地を入力しさえすれば、そこに行くためのたくさんの方法を示してくれます。

## ②脳のカーナビを上手に使うには、言葉の使い方を変える

人間の脳の中のナビゲーションシステムは「網様体賦活系（RAS）」といいます。RASの目的地とは「どうなりたいのか」「どんな状態を手に入れたいのか」「何をし

たいのか」「どうしたいのか」を明確にする（＝決める）ことをいいます。

つまり「決める」ことは、ＲＡＳに「目的地」を入力すること、入力することで初めてナビゲーションシステムが起動します。では、このナビゲーションシステムが起動するとどうなるのでしょう？

車のナビゲーションは、目的地までの道筋を示すだけですが、脳のナビゲーションは、目的地に行くまでに必要な情報を片っぱしから集め、その情報に気づきやすい状態を作ります。それだけでなく、そこに行くまでのチャンスや能力発揮、行動力までサポートしてくれます。

## ③脳のカーナビを上手に使うと、現実や能力や行動に違いが起きる

現職中に関わった保健室登校のある生徒は、登校できない日が多く、進路決定の時期になっても、なかなか進路を決められませんでした。

そこで、保健室で、この生徒が選択肢として挙げた「①就職②定時制③全日制」の３つの未来を体験するワークをしました。

このワークを終えて、「全日制を受験する」と決めることができました。「やっと決

められたね」とその生徒と喜び合っていると、ミラクルが起きました。美術教師で教育相談担当の先生が保健室に入ってこられたのです。そして、この生徒に「君は美術が得意だよね。美術の実技だけで入試を受けることができる専門学校があるんだ。どうだ、受験してみないか」という話をされました。

まさに、RASに「こうする」という決意を入力した途端の出来事でした。ちょっと怪しい話に聞こえるかもしれませんが、私は、これがRASが持ってきてくれたチャンスだったのだと思っています。

# 02 言葉が脳の焦点を決め、焦点が現実の見え方を変える

小中学生向けの講演では、さらに**「決め方のルール」**についてもお話ししています。「決める」ことは、誰にでもできますが、どんな言葉を使うかによって、RASが起動しなかったり、せっかく起動しても、思いもよらぬ結果をもたらすことがあります。せっかく決めるのであれば、言葉の使い方と脳の動きの関係性をしっかりと理解すれば、「決める」の効果は格段にあがります。

私が養護教諭時代、保健室で常に不平不満を言っている生徒がいました。その子は、「毎日面白くない、いやだ、つまんない」と言って来室してきました。肩をがっくりと落として、悲しそうにやってくるのです。学校が面白くないというのは、本人にとってとても残念なことだと思います。

この子の話を聴いてみると、面白くない原因は、すべて周りのせいだと考えている

ことがわかりました。もちろん、本人が嫌がるようなことをしている生徒がいるのであれば、それはちゃんと注意をする必要がありますが、そうではなさそうです。

なのに、どうしてこの子は、そんなに不平不満が多いのでしょう？


そもそも、自分が「これが現実だ」と思っていることは、自分が自分の脳に入力した言葉によって作られているからです。もし、周りの子が、この生徒を楽しくさせてあげようとしても、今のこの生徒には、それに気づくことができない可能性は高いのです。なぜなら、**脳のナビへの入力の仕方を間違えているから**です。

どういうことでしょうか？

**人間の意識の焦点はひとつのことしかとらえることができません**。脳の焦点は1つしかない（焦点化の原則／（株）ＮＬＰラーニング山崎啓支氏による）と表現します。

さて、この生徒のたったひとつの意識の焦点はどこに向いているでしょうか？

この生徒は「毎日面白くない、いやだ、つまんない」と言っていました。

本人にその気がなくても、このつぶやきは、脳に「目的地」として、インプットされます。その結果、この生徒の意識の焦点は「面白くないこと、つまんないこと」に向いてしまいます。これをインプットされた脳は日常の中の「面白くない、つまんない」という現実を体験する情報をかき集めてきます。しかも、毎日そうつぶやいて不平不満を言っているのですから、その生徒の脳は、その言葉を繰り返し、繰り返し、脳の目的地にインプットされ、その現実を毎日見ることになるのです。

なぜなら、その生徒の脳は、毎日繰り返している「面白くない」の言葉がその子にとっての望みであると理解するからです。

このサイクルに気づかない限り、さらに「面白くないと感じる現実」を見ることになり、「ほら、やっぱり面白くないんだよ」と、自分の思い込みを強化する結果となってしまうのです。

脳に言い分があるとしたら『あなたがインプットしたとおりに、毎日が面白くないという現実をたくさん見せてあげているだけなんだよ』ということになります。意識的に「こうなりたい」という表現に変えない限り、脳はインプットされた言葉を目的地として、それを現実化するために、ひたすら動くのです。

何度も言いますが、**自分の言葉によって、本当に見たいはずの楽しいことは見えな**

**くなり、嫌なことばかりが目に付くようになります。**これが言葉と脳と現実の関係です。この話をすると、子どもたちから「えー！」という声が上がります。

## 「バカな自分」「ダメな自分」を自分にインプットしてしまう

さらにこんな事例も紹介します。

「どうせ、私なんか、バカよ。何やってもダメなの」と言っている生徒がいました。この生徒は、自分がうまくできないことに意識を向けています。何をやってもダメなんてことは、冷静に考えれば絶対にあり得ません。しかし、この口癖によって、脳に「バカな自分」「何やってもダメな自分」を目的地としてインプットしています。

この結果、たった一つの大切な焦点を、できないことやうまくできなかったことだけに使ってしまっているのです。この言葉を続ければ続けるほど、脳は「自分のダメな部分を見たいんだ！」と理解して、そこばかりを、まるで拡大レンズで見るように、大きく大きく見せてしまいます。結果、できていることや自分のいいところなどは見えなくなってしまうのです。

自分のことだけではありません。言葉は、他人に対する見方にも影響します。
「あの子は意地悪な子だ！」「うちの子はだらしない子だ」と思っていると、それが脳に入力されるので、その部分だけが拡大して見えてきます。そもそも、100％意地悪な人も100％ダメな人もいません。そういう一面もあるということなのですが、言葉にすること（＝脳への入力）によって、その人のいいところも、優しいところも見えなくなってしまいます。

このように、脳は、自分が決めたとおりに自分自身や周りの人や状況を見せてしまうのです。

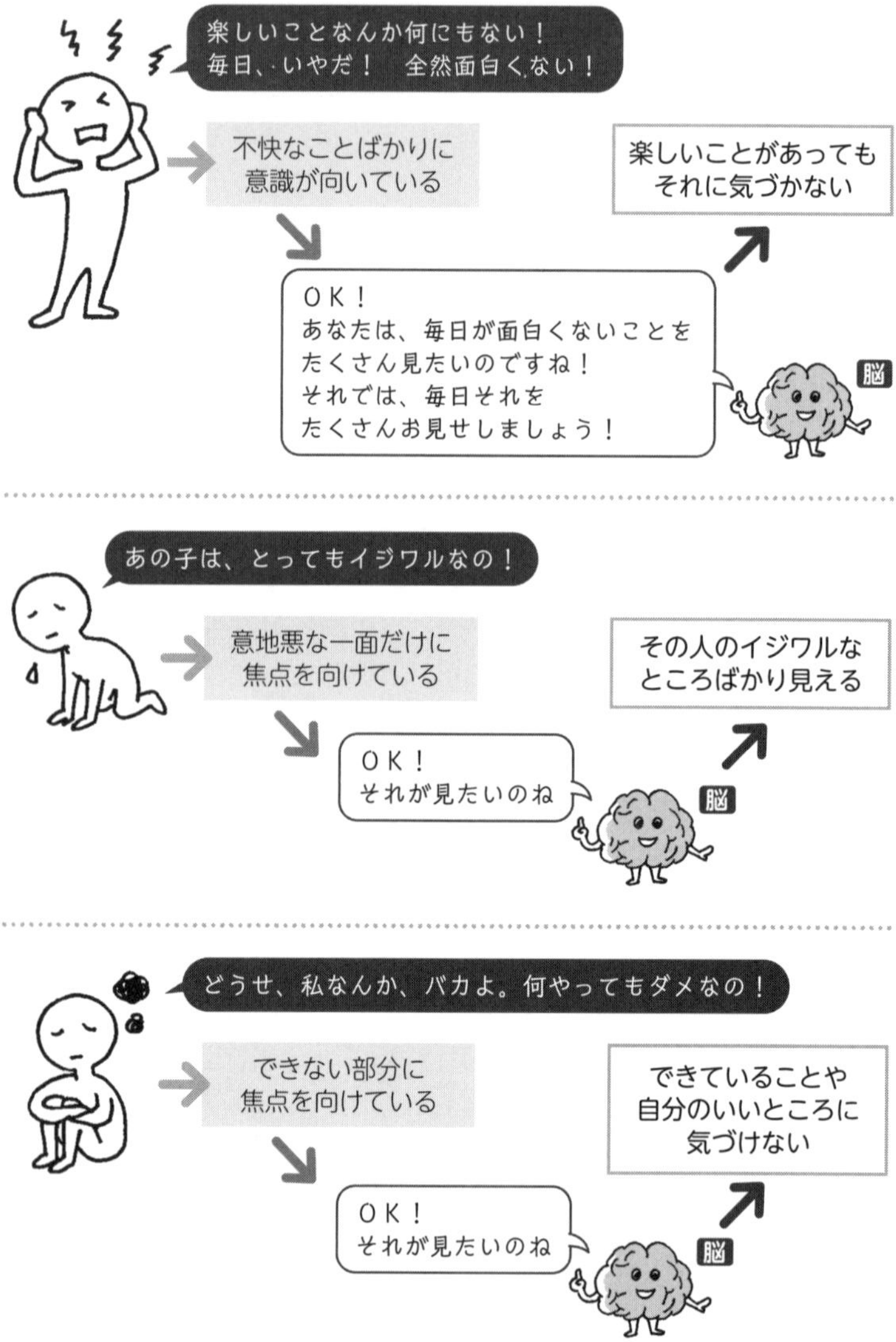
楽しいことなんか何にもない！
毎日、いやだ！　全然面白くない！
不快なことばかりに
意識が向いている
OK！
あなたは、毎日が面白くないことを
たくさん見たいのですね！
それでは、毎日それを
たくさんお見せしましょう！
脳
楽しいことがあっても
それに気づかない
あの子は、とってもイジワルなの！
意地悪な一面だけに
焦点を向けている
OK！
それが見たいのね
脳
その人のイジワルな
ところばかり見える
どうせ、私なんか、バカよ。何やってもダメなの！
できない部分に
焦点を向けている
OK！
それが見たいのね
脳
できていることや
自分のいいところに
気づけない

# 03 口グセや言葉が現実をつくる

自分のちょっとした口グセが、なんでも脳に入力されて、その通りの現実しか見えなくなるとしたら、ちょっと怖くなりませんか？　前述のパターンを持った大人の方も、結構いらっしゃるのではないでしょうか？

自分の口癖や言葉の使い方が、自分の毎日の現実の見え方や感じ方を決めてしまっているとしたら、いったいどんな風に言葉を使ったらよいのでしょうか？

答えはシンプルです。

「どんな現実を作りたいのかを決めて言葉にする」

これだけです。ぜひ、子どもたちに伝えてほしいと思います。

## 何を見たいのかを言葉にする

たとえば、朝、起きたとき、「ああ、今日も学校か。面白くないな。行きたくないな。今日も○○君は意地悪なことをするんだろうな」と思った（＝決めた）としたら、それが脳に入力されます。

そして現実になる可能性は高くなります。

つまり、毎日が面白くなくなるし、○○君は意地悪（だと自分が感じること）をしてくるでしょう。これが、こうなったら嫌だなと考える思考の癖がもたらす現実です。

そこで、こうなったら嫌だと考える癖を、こんな1日にするという言い方に変えてみるのです。

たとえば、「今日は、学校で楽しいことを3つ見つける」とか「今日は、算数の授業に集中する」とか「自分や友達のいいところを探してみる」という表現です。

どんな小さなことでもよいから、言葉にして決めること。そうすれば、脳に入力された目的地が変わり、脳は今までと全く違うものを見せてくれるようになります。

大人も、「あの上司が嫌だ」「今日も仕事か、やだな」「面白くないな」という言葉

を「今日は、この仕事を集中してやる」「今日も充実した1日にする」「やりきった！　というすがすがしい気持ちで1日を終える」などの言葉に変えてみましょう。

朝決めておけば、それだけで脳の動きも能力発揮も変わることを実感できます。単にポジティブな言葉を使いましょうという抽象的なことではなく、脳の仕組みを知ると、やってみようという気持ちが高まります。

# 04

# ついついやりがちな危険な3つの決め方

ついついやってしまう決め方の表現があります。あまりに日常的に使われる表現なので、違和感がないのですが、これも脳の科学からいうと、逆効果です。

## ①「～しないように」は、脳が混乱する決め方

まず、「～しないように●●する」という言い方です。たとえば、次のような言い方をしたり、普段の生活でよく耳にしたりするのではないでしょうか？

「失敗しないようにやる」
「叱られないようにやる」
「風邪をひかないように過ごす」
「忘れ物をしないようにする」

「遅刻しないようにする」

一見、決めているようですが、この表現で入力されると脳は混乱してしまいます。**脳にしてみれば、こうなりたくないことはわかるけど、では、どうなりたいのかが映像化できないのです。**こうなりたくない、あれはいやだ、避けたいと考えているとき、脳の中では、避けたいと思っている映像を見ています。**脳の中で見えた映像を、現実化しようと動くのが脳の仕組みです。**

子ども自身が使う言葉だけでなく「～しないように」という子どもへの指示が逆効果であることもわかっていただけると思います。

たとえば、「失敗しないようにね」「遅刻しないようにね」と言っても、そもそも、どうしたらよいのかわからないので子どもたちは困ってしまいます。結局、大人が「～しないように●●しなさい」という指示を出してしまうのです。大人自身も「こうなるんだ」「これをするんだ」という表現で脳に入力し、そのために何をしたらよいのかという思考の流れをすることが大事です。だから、「**こうなりたくない**」では**なく「こうなるんだ」「これをするんだ」という表現で脳に入力してください。**

## ②恐怖をベースにした決め方

2つ目は恐怖をベースにした決め方です。

たとえば、シンプルに「勉強する」と決めたのであれば問題はないのですが、その **「決める」の裏側に「叱られるのが嫌だから」という想いがあれば、「叱られる」が実現します。** 言語になっていなくても、**恐怖の感情は強く脳にインプットされる**からです。

さらに、エネルギーの大半が「勉強する」ことではなく「叱られるのは嫌だ」という恐怖に使われているのですから、その能率も悪くなります。そもそも、楽しくありません。それだけでなく、恐怖をベースにした「決める」は、心身に大きなストレスを与えます。

保健室で関わった子どもたちの中にも「先生に怒られるから」「やらないとダメな子だと思われるから」「親の期待を裏切るのが嫌だから」という想いから頑張り続けている生徒がいました。その結果、心身がストレスでいっぱいになり、腹痛や頭痛などを起こし、保健室に逃げ込んでいました。

子どもの頃はなんとかその思考で乗り切ったとしても、大人になっても、この思考のままで仕事をするとしたら、本当に病気になってしまいます。意識を外に向けた「決め方」そのものを変えていかないと、どんなに転職しても同じことを繰り返してしまいます。

### ③余計な前置きをつけてしまう決め方

３つ目は余計な前置きをつけてしまうことです。たとえば、**「怖いけどやる」「嫌だけどやる」という決め方は、それもまた、「怖い」「嫌だ」（本音の部分）が現実化します。**

複雑な仕事や苦手な仕事、時間がかかる仕事を頼まれて「めんどくさいなぁ。でも仕方ないからやるか……」とつい思ってしまいます。この想いを持ったまま、仕事を進めても、実現するのは「めんどくさい」という本音です。これも「この仕事をやるのはめんどくさい」と決めていることになります。だから、なかなか仕事が終わりません。

私自身この法則を知らなかった養護教諭時代、めんどくさいなと思ってやった仕事（報告書や事務的な書類）は、ミスだらけで二度手間三度手間となり、まさに「めんどくさい」を実現していました。この法則を知ったとき、「だから、あの仕事は、あれほどの時間がかかって能率が上がらなかったのか」と納得したのを覚えています。常に特定の事務仕事に対し「めんどくさいけどやる」を無意識に宣言して（＝決めて）やっていたので、やるたびに二度手間三度手間を繰り返し、「ほら、この仕事やるといつもこうなんだよ」とさらに思い込みを強化し、「あーめんどくさ」を何度もインプットしていたのです。知らないということは、こういうことなのです。

今でも、苦手だなと思う仕事は多々あります。このときは、必ず「今から、この仕事に集中し、丁寧にやり切ります」と目的地を脳に入力（＝決める）してから取りかかるようにしています。すると、1時間の予定が40分くらいで終わることもあります。時に、目的地設定を忘れると、とんでもなく時間がかかることがあり、そのときは、気づいたときに、再度、脳への入力を再設定し、仕事を再開します。

私の例からもわかるように、自分が仕事をするとき、無意識にどんな想いが乗っているのかによって、その仕事を通して伝わるものが違います。

「自分は雇われている身だから自由に決められない」と感じる方もいるかもしれませ

んが、そうではありません。やらされていると思ってやればよい仕事はできませんし、その想いで仕事を続けていたら体を壊します。

上から命令されたことも「私がこの仕事をやる」と決めて仕事に向かえば、それは自分事となります。自分という「主体」をのせ、「この仕事をやりきれば、自分はもっと元気になる」と決めることで状況は変わります。

「いやだな」「めんどくさい」と想いながらやるより、ずっとずっと良い仕事がサクサクと進んでいきます。何よりも、自分の能力も発揮され、パフォーマンスもアップするので、自分の内側からの自信につながります。

まずは、大人自身が脳の修正に基づいた決め方を実践し、そのうえで、子どもたちに伝えていただきたいと思っています。知識だけを伝えても、大人が実践していないことは、子どもには伝わりません。子どもは、大人が言ったことは聞き入れませんが、大人がやっていることはすぐにまねをするのです。

# 第4章

# 本音を引き出す「聴き方」があった

脳科学的な傾聴で主体性はどんどん伸ばせる

# 01 「決めなさい」「考えなさい」では、子どもはどうしてよいかわからない

決める力とは、物事を分解して思考する力、イメージできる力です。右脳的にイメージし、左脳的にロジカルに考えるのです。

「決められない」理由のひとつは、何をどうイメージすればよいのかがわからない、左脳的に思考する方法を知らないからなのです。

また、選択肢があって迷っているというのは、脳の中で独り言がぐるぐる回っている状態です。その中には、事実があり選びたい理由があり、解釈や妄想が同時に存在しています。一見、考えているようですが、迷っている状態では、堂々巡りをしているだけで決めるための思考は停止しているのです。

**ひと言で「決めなさい」といっても、それはとても抽象的で、子どもはどうやって決めたらよいのかそれがわからないのです。**決めるには、脳の中で、物事を分解し（項目ごとに分けるという意味）整理して、順番だてて考える必要があります。しか

し、「考えなさい」というだけでは、これまた、子どもたちは、戸惑ってしまいます。育ってくる過程で「考える」ということ自体、体験してこなかった子どもであれば、なおさらです。

自分で考える、チャレンジする、うまくいかなかった体験からどう学び、次の行動に向かうのか？　小さいころから、これが日常の中で当たり前にできていれば、考えることができます。中学生になったから、高校生になったから、いきなり考えることができるかというと、決してそうではありません。

思考の方法を知らないだけならよいのですが、**子どもが思考するべき場面で、親が思考ジャック（思考の乗っ取り）をしてしまい、大切な思考力を高めるチャンスを奪ってしまっていることもあります**。これによって子どもは思考停止します。

本来、子どもが自分で決めることを親の価値観で決めてしまい、子どもは指示に従うだけという親子関係では、子どもはいつまでたっても自立できず、自分で決めることができません。そのような関わりをしておきながら、「この子は、私がいないと何にもできなくて」と周りに話してしまったりします。

保護者の方だけでなく、教師の中にも「うちの生徒は、私がいないと何もできないんです。いつも私を頼っていて、私が担任を外れたら、どうするのかしら」と自分がいかに頼られているかを吹聴する方もいます。こういう教師の場合、この教師が担任を外れると、主体性を取り戻す例が多々あります（このような方は、子どもが主体的になることで、自分の存在意義＝人の世話を焼くことができなくなるという恐怖を潜在的に持っています）。

ちゃんとさせなくては！　失敗させてはかわいそう！　私が役に立たなきゃ！　というお気持ちはとてもわかりますし、愛情あってのことだと思います。しかし、こうした想いを持った関わりは、長期的には、子どもの思考力も主体性が開発されないという結果をもたらします。自分の存在価値を子どもの世話をすることで満たそうとするのは、大人の自己満足です。

**決める力を育てることは、主体性を育てることにつながります。**繰り返しになりますが、主体性とは「思考力・判断力・責任・チャレンジ力」が含まれています。「決めること」と「思考」「判断」「責任」「チャレンジ」は、相互に関わり合いながら、その総合力としての「主体性」を高めていくのです。

その主体性を育むために、家庭ですぐにチャレンジできるのが「傾聴」です。ただ、だらだらと話を聴いたり、感情に寄り添う聴き方ではなく、子どもの本音や意欲、行動力を引き出す傾聴の方法（**脳科学傾聴**）があります。本章では、脳科学傾聴を中心に、家庭でできる「決める力」を育てるための関わり方をお伝えします。

# 02 子どもの主体性を育む脳科学傾聴のすすめ

コーチングには「オートクライン」という言葉があります。これは、自分の中では、まだ十分に考えがまとまっていなくても、話をしているうちに、自分の考えや感情に気づいたり、ぼんやりと感じていたことがまとまっていくという体験のことをいいます。

オートクラインとは、もともとは生物学の専門用語で、『分泌物を出した細胞自身がその細胞そのものに作用する現象』をいいます。コーチングでは、自分が話したことを自分で聞くことによって、自分の潜在的な考えに気づくことを意味します。

ただ、コーチングをしなければそれが起きないかというとそうではありません。あなたも、人との雑談やおしゃべり、話し合いの中で、あっと気づくことがあったり、思考が整理されたり、これが言いたかったんだと自分の想いが明確になったりという経験があるのではないでしょうか。そもそも、コミュニケーションがなぜ大切なのかというと、言葉を交換することで「オートクライン」が働き始めるという仕組みがあるからです。

子どもたちが自分の気持ちに気づいたり、自分で物事を決めたり、判断したり、アイディアを出すためには、コミュニケーションによって起きる「オートクライン」を生み出すことです。つまり、**豊かなコミュニケーションこそが、子どもたちの思考力や決める力、問題解決力などを含む「主体性」を育てていく大きなカギとなります。**

## コミュニケーションで見落としがちな5つのこと

ここで、ひとつ大切な言葉の共有をしておきたいと思います。

コミュニケーションというと「うまく話すこと」「自分の言いたいことをちゃんと言える」「人と関わることが上手なこと」などに着目しがちです。しかし、本書で扱う「コミュニケーション」には①相手の尊重（相手をどういう存在としてみているか）、②相手の観察、③傾聴、④自分の言いたいことを言語化する、⑤人との関わりの5つを含んでいます。

コミュニケーションはこの順番をくりかえすことで、豊かになっていきます。このことについては、別の機会に譲るとして、ここでは、子どもたちの主体性を育てるために有効な「傾聴」についてお伝えしていこうと思います。

「え？　話を聴くだけでいいの？」と思われる方や「話なら聴いています」「傾聴って悩みを聴くためのものではないの？」とか「どうして話を聴くだけで主体性が育つの？」と思われる方もいらっしゃるかもしれません。

ここでお話しするのは、一般的に言われている傾聴とは違います。「脳科学傾聴」と呼ばれるコミュニケーションの方法です。保健室コーチングでは「相手の思考過程に伴走する」という関わり方を大切にしています。

## 問題を解消するのは、あくまで自分自身

保健室や相談室での対応では、感情にフォーカスした傾聴をしてしまいがちです。感情を聴くことは大切なことですが、支援者の中には、つらい感情を「何とかしてあげたい」とか「癒してあげたい」ということが目的になってしまい、関わりの方向性

を間違えてしまう方がいます。関わり方次第では、相手の被害者意識を高めたり、焦点を過去と問題に縛り付けてしまう可能性があります。時間がかかる割に、相手の思考や行動を促すことができません。

誰かに癒して「もらう」体験や誰かに「周りを変えてもらう」体験ばかりでは、常に何か問題があるたびに「癒してくれる誰か」「自分の問題の原因を排除してくれる誰か」を求め続けることになります。誰かの力を借りること、SOSを出すことは大切です。しかし、それは自分の混乱を整理してもらい、一緒に考えてもらうという意味です。自分の代わりに誰かに問題をなくしてもらうことではありません。

大人は、子どもが感じている感情を「そう感じているんだね」と受け止めたうえで、相手の言葉を脳科学的にとらえた傾聴をすることが必要です。

## 「丁寧に話を聴く」の本当の意味

保健室コーチングの目的は、感情の癒しではなく、コミュニケーションを通してレジリエンス（しなやかに生きる力）を高めることにあります。脳科学傾聴における

「丁寧に話を聴く」とは、延々と聴き続けるということではありません。

相手の話の内容を一つひとつ確認し、相手の思考を分けて整理したり、不足している情報を確認したり、どんな表現で語っているのか、本音なのか建て前なのかということに着目するなど、相手の非言語を観察しながら、相手の内面で起きていることを理解し、その思考に伴走します。混乱している脳の中の思考に対し、確認したり、質問することで、相手の思考がクリアになり、自ら思考し、行動決定をしていくための伴走をしていきます。

すぐに解決させようと大人が焦ったり、指導したり、アドバイスをすることが、すべて悪いわけではありませんが、「脳科学傾聴」の本来の目的は、日常のコミュニケーションを豊かにするためのものです。子育てや教育の分野でこれを活用することで、日常のコミュニケーションの中で、子どもの思考力や表現力を高めることができます。本書では、日常でも活用できる基本的なものをご紹介していきます。

# 03 日常生活でできる、聴き方の基本

①話を聴いてあげるではなく、子どもの心の世界を理解する、子どもの心の中に触れるという謙虚な気持ちで関わる
②子どもに対して「○○な子」という決めつけを手放して話を聴く
③相手のペースを尊重する
④自分の価値観をもとにした「よい悪い」のジャッジをいったんわきに置き、子どもの話に耳を傾け、「なるほど」「そう考えたんだね」などのフィードバックをする
⑤言葉を挟みたいときは、必ず相手の承諾を取る。「今、お母さんの意見を言ってもいい?」など
⑥自分の意見を押し付けるのではなく、伝えたいことを「提案」として自分と子どもの間に置く
⑦抽象的な言葉は、丁寧に「確認」して、意味を共有する。ただし、必ず、「ごめん、

ちょっと、わからないから教えてくれる?」と承諾を取る。

⑧悩みや問題について聴くときは、感情を聴くのではなく思考を整理しながら話を聴く

⑨親⇕子どもという対立構造ではなく、子どもと親が一緒に未来を見ることができる共有物（ホワイトボードや画用紙）を使う

「傾聴って、頷くとか繰り返しとかをするんじゃないんですか?」と思われる方もいらっしゃるかもしれません。もちろん、それも大切ですが、スキル以前に、どんなスタンスで相手と関わるのかということのほうが、コミュニケーションの結果に大きな影響を与えます。脳の科学という視点では、スキルは1（意識）、あり方やスタンス、相手をどんな存在として扱っているのかという非言語の部分は2000倍（無意識）の影響力があるからです。

たくさん学んでも、たくさんの資格を持っていても、スキルや知識を現実で役立てることができない人もいます。逆に、スキルなど使わなくてもあり方が整った人は、知識やスキル以上の人との関係性を生み出しています。そこが、子育てにおいても教育においても対人支援においても一番大切な部分です。

ここからは、前述の①～⑨について「聴き手（親）のスタンス」「話の聴き方のコツ」「相手の話の内容を確認する・整理する」に分けてお話ししたいと思います。

## 聴き手（親）のスタンス

❶話を聴いてあげるではなく、子どもの心の世界を理解する、子どもの心の中に触れるという謙虚な気持ちで関わる
❷子どもに対して「〇〇な子」という決めつけを手放して話を聴く
❸相手のペースを尊重する

子どもの話を聴くということは、「話の内容」を通して、相手の内面（思い込み、願い、ブレーキ、潜在的な可能性）を理解するということです。「話を聴いてあげる」という上から目線ではなく、子どもの心の中に触れさせてもらうという謙虚な態度が必要です。これは、親であろうが教師であろうが同じです。

子どもが赤ちゃんのときは、言葉も未発達です。そのため、親は、相手の言葉にな

らない内面を理解しようと一生懸命に意識を集中します。しかし、成長とともに大人と同じように言葉を使えるようになると、途端に言葉の表面だけを聴いてしまい、内面を理解しようとしなくなります。言葉そのものに反応してしまったり、言葉の意味を確認することもなく、きっとこうなのだろうと解釈してしまうことがあります。

コミュニケーションは、非言語の部分でも行われています。**その言葉をどんな表情で、どんなトーンで、どんな息遣いで伝えているのかという非言語の部分にこそ、言葉とは裏腹の感情や本人すら気づかない本音や可能性などの情報があふれています。**言葉を聴くだけでなく、言語化されていない部分を引き出すことが大切です。

私たちは、コミュニケーションの相手が、日本語がわからない外国人であったり、赤ちゃんであれば、何とかして相手を理解しようとして、相手目線になって、自分の五感を研《と》ぎ澄ますことができます。しかし、相手が自分と同じように言葉を使う相手だというだけで、無意識に自分と同じだと勘違いし、相手に対しての大切な観察を怠ってしまうのです。それどころか、子どもが使う「単語」「言い方」に反応してしまい「そんな言葉を使うな」「なんだその言い方は」となってしまい、大切なコミュニケーションの目的がどこかに飛んで行ってしまうことも多々あります。

関わる人すべてに五感を働かせてエネルギーを注ぐ必要はありませんが、大切なわが子に対しては、どうぞ、五感すべてでその存在からあふれる非言語の情報も受け取ってあげてください。

「わかっています！　でも、大人だって忙しいんです。ご飯も作らなきゃならない。どうしても手が離せないことがあるんです」そんな言葉も聞こえてきます。当然ですよね。大人にも都合があります。だから、それはそれで、怒らずに伝えればよいのです。子どもたちにも、理由を言ってちょっとだけ待ってもらいましょう。

「あなたの話をちゃんと聞きたいから、夕食の準備だけ終わったら時間を作るね。少しだけ待っていてくれるかな」と、しっかりと顔を見て伝えてあげてください。

**聴き手のスタンスとして大切なことの2つ目は、相手をどういう存在として扱っているのか**ということです。これは、「無意識レベルの相互作用」と呼んでいるもので、コミュニケーションの結果に強く影響します。

**たとえば、この子はわがままな子だ、怠け者だなど、知らず知らずにレッテルを貼った状態で関わっていると、子どもは無意識にそれをキャッチして、扱われたように反応します。**「わがままなことを言うことがある＝わがままな子」ではないのです。

時折、養護教諭の先生や教員の方やカウンセラーさんの中にも、相手を「かわいそうな人」「助けてあげたい」という見方をする方がいらっしゃいます。かわいそうと思ってあげることが「やさしさ」だと思ってしまうのかもしれません。しかし、そう思っていると、相手はいつまでたっても被害者意識から抜けられず、かわいそうな人として存在し続けます。その想いこそが、相手の主体的な力を奪っていることに気づいていただきたいと思っています。

まずは、そうした大人自身の勝手な色眼鏡をはずして、子どもを「今、どんなに大変な状況にあって、どんな感情にとらわれていても、この子は、自分でそれを乗り越える力がある存在」として関わっていただきたいのです。

また、人との関わりにおいて「違い」を知り、「違い」を受け容れて関わるという点も、相手を尊重するという点で大切です。

子どもの中には、体感覚が優位で、人の話を聴く↓感じる↓言語化するという情報処理をするタイプの子がいます。

前著『保健室から見える親が知らない子どもたち』で「**五感の使い方の違いが情報処理のスピードに違いを起こしている（＝ＶＡＫ理論）**」としてご紹介しました。

人間は、何かを理解したり判断したりする際に、五感を使って情報を入力し、脳内で理解をし、出力をしています（ＮＬＰの理論）。この理論をもとに、人間の脳内の情報処理方法を３つに分けて考えます。主に視覚を使って脳に入力したり、出力（言語化）している状態を「**視覚優位（Ｖ）**」、主に聴覚を使って入力、出力をしている状態を「**聴覚優位（Ａ）**」、主に体感覚を使って入力、出力をしている状態を「**体感覚優位（Ｋ）**」として、相手の理解と関わり方に活用します。あえて「状態」としたのは、タイプ分けが目的ではなく、相手が今どのような状態で物事を理解しようとしているかを観察し、関わりに活用していくことが本来の目的であるからです。

たとえば、親が視覚優位（Ｖ：思考のスピード、言語のスピードが速い）で子どもが体感覚優位（Ｋ：思考のスピードがゆっくりで、言語化するのに時間がかかる）であれば、親が子どもの言語化を待つことができず、せかしたりダメ出しをしてしまうことがあります。

人間は無意識に相手も自分と同じだと考え、自分のペースで物事を進めようとします。相手のペースを尊重して、合わせることを「ペーシング」と言います。相手を尊重する、大切にするとは、ペーシングができているかどうかといっても過言ではありません。これができていないと、速いスピードの人が、相手を置いてきぼりにしたままでコミュニケーションを進めてしまうからです。置いてきぼりにされた相手は、「尊重されていない」と感じてしまうのです。

なかなか子どもの答えを待ちきれないなと感じたときは、子どもの呼吸に合わせて答えを待ちましょう。呼吸を合わせることで、無意識領域で一体感を覚え、子どもはさらに安心感を覚えることができます。

## 話の聴き方のコツ

❹自分の価値観をもとにした「よい悪い」のジャッジをいったんわきに置き、子どもの話に耳を傾け、「なるほど」「そう考えたんだね」などのフィードバック

をする

❺言葉を挟みたいときは、必ず相手の承諾を取る。「今、お母さんの意見を言ってもいい？」など

❻自分の意見を押しつけるのではなく、伝えたいことを「提案」として自分と子どもの間に置く

子どもの話を聴いていると、つい、大人は、自分の価値観で「そんなのおかしいよ」とか「それは違う」などのジャッジしてしまいます。話の途中で、いきなり否定をされたら、話したくなくなります。大人が正しい方向に引っ張っていこうとしたり、「こうすればいいのよ」とアドバイスばかりすると、自分の意見を話す意欲をなくし、自分の内面を表現することをあきらめてしまいます。

子どもの話を聴くときは、大人が持っている「こうするべき」「これが正しい」「こうしてほしい」をいったんわきに置いて、「なるほど」「そう感じたのね」「へぇ、そうなんだ」「うんうん」などの言葉をかけ、子どもの表現を促すのがよいと思います。

子どもの話を聴きながら、詳しく聞きたいことや確認したいことがあれば、言葉を挟んでよいかどうかの承諾を取りましょう。

たとえば、子どもの話の中で、どういう意味で使っているのだろう？　とか、そう思った理由を聞きたいと思ったときなどです。その際、いきなり子どもの話に割り込むのではなく、「ちょっとわからないことがあるけど、確認してもいい？」などの言葉がけをして、承諾を取りましょう。これは、子どもに「いいよ」とか「もう少し話した後にして」などの選択権、決定権を持たせるということです。これもまた、「決める」の大切なトレーニングとなります。

大人の指示通りで選択権がない、決定権を持たせてもらえないというコミュニケーションばかりだと、子どもは主体性を伸ばす機会を失い、言われたことをやるだけの人間になってしまいます。

ケースによっては、親として意見したくなることはあると思います。そのときも、「ちょっとお母さんの意見も言ってもいいかな」と承諾を取りましょう。承諾が取れたら、「お母さんは、○○○だと思う」という伝え方をするとよいと思います。

ここで大切なのは、「私の意見を受け取れ」ではなく、「私はこういう考えだよ」と自分と子どもの間に、自分の意見を置くというイメージです。受け取ってもいいし、受け取らなくてもいい。受け取った後に、捨ててもいいという感覚です。

自分の意見（アドバイス）を何が何でも受け取らせたいと考えるから、感情的になるのです。子どもの年齢や子どもの理解に合わせて、小さくても丁寧なキャッチボールを重ねていくことで、コミュニケーションミスを減らし、お互いの意見を尊重するというコミュニケーションが生まれます。

親子間で、これができるようになると、オートクラインが日常の会話の中で起きるようになります。普段の雑談でも、学校の出来事を聴いたりする当たり前の場面で、オートクライン効果が生まれるコミュニケーションは、子どもの成長にとても大切なことなのです。自分の言うことをよく聞いて指示通りに動く関係性より、もっともっと大切なことをお互いに受け取ることができます。

保健室コーチングでは、このオートクライン効果をさらに促進するために「確認質問」という手法を使います。ベーシックコースやアドバンスコースで繰り返しトレーニングをする大切な考え方ですが、日常で活用できるような形でわかりやすくお伝えします。

## 相手の話の内容を確認する・整理する

❼悩みや問題についての話を聴くときは、感情を聴くのではなく思考を整理しながら話を聴く
❽抽象的な言葉は、丁寧に「確認」して、意味を共有する。ただし、必ず、「ごめん、ちょっと、わからないから教えてくれる?」と承諾を取る。
❾親⇕子どもという対立構造ではなく、子どもと親が一緒に未来を見ることができる共有物(ホワイトボードや画用紙)を使う

家庭の中では、子どもの悩みや子どもが抱える問題などについて話を聴くことがあります。落ち込んでいる、行動を決めかねている、どうしてよいのかわからなくなっている、選択できずに迷っている……いろいろありますね。話は聴いてあげても、その後の行動につながらないと困っている方もいらっしゃるのではないでしょうか?

家庭や学校でも、感情にフォーカスして聴いている方は、まだまだ多いと思います。それが悪いということではないのですが、ケースによっては、相手の感情と同一化

したり、相手のストーリーに聴き手が取り込まれ、客観的な視点を失ってしまいます。その結果、シンプルなことをあえて複雑にして感情vs感情の戦いに発展してしまう例も少なくありません。

講演でも、「相手と同じ感情になることは、共感ではなく同一化。この状態になると、支援する側が客観性を失い、必要な関わりができなくなります」とお伝えします。寄り添うとは、相手の感情ばかりを扱い続けることではなく、常にニュートラルな状態で相手の言語化できない想いを引き出したり、思考を整理するという関わりです。

そこで、保健室コーチングでは、**脳科学傾聴**という方法をお伝えしています。子どもが感じている感情を受け容れた上で『混乱している脳の中の思考に対し、確認したり、質問したりして、相手の思考がクリアになり、自ら思考し、行動決定をしていくための伴走』をしていきます。

**脳科学傾聴では、私たちの言葉はとても不正確であるということを前提に傾聴をすすめていきます。**

人間は、意識しているものも意識できないものも、ありとあらゆる情報を五感を通じてインプットしています。その情報は、膨大なものであり、無意識領域に保存されます。この膨大な情報の一部だけを使って、自分視点のストーリーが脳の中に作られ、そのストーリーを「言語」として表現しています（その過程すら本人は気づいていません）。その脳内ストーリー（映画）で見たもの、聞こえたもの、感じたものを表現したものが言語です。その言語の中には、実際に見たもの聴いたもの（事実）もあれば、自分の価値観や思考の癖から「きっとこうなんだ」という解釈も含まれています。事実よりも、その事実をどのように解釈したのかによって、その人独自の感情が生まれます。つまり感情そのものが問題なのではなく、脳の中での情報の処理過程に偏りがあるのです。

そのため、その感情や考えが脳の中でどのように生み出されたのかを丁寧に聴き、もともとの純粋な情報に戻していく傾聴方法が必要となってくるのです。

その結果としてマイナス感情が緩和されることが多々あります。感情が落ち着くというのは、目的ではなく結果です。こうした傾聴をしていく中で、この課題に対する行動や今後の同様の状況でどんな思考をしていけばよいのかを子どもたちと一緒に考えることができるのです。

事例を通して具体的な方法を説明していきます。

## 事例 無視されたと泣いている子へのアプローチ

### 相手の感情に同一化してしまう対応

お子さんが、落ち込んでいる様子で帰宅しました。

親「どうしたの？」

子「無視された。悲しい！　悔しい！」

親「無視されたのね？　それは悲しいよね。悔しいよね。ひどいよね？　大丈夫よ！
　お母さんが守ってあげるから！　で、誰に？　いつ無視されたの？」

子「みんなだよ。みんなが私を嫌っているの」

親「何があったの？」

子「あいさつしたのに返事もしてくれない」

親「なんてひどい！　無視されるようなことが何かあったの？」

子「何もない。でも、きっと普段からみんな私のことが嫌いなんだって感じてる。

きっと勉強もできないしさ、バカだと思っているんだよ」
親「かわいそうに！　先生に相談したの？」
子「言っても無駄だから、話してない。もう明日から学校行かない！」
親「そんなこと言わないで！　お母さんがこれから先生に電話して無視した子を指導してもらうように言ってあげるから」

子どもが、無視されたと聞くと、親としては、居ても立ってもいられない気持ちになります。この事例では、一見、子どもの気持ちを受け止めたり、いろいろな状況を聴いているようですが、子どもの「解釈」に、お母さん自身が激しく反応し、感情を揺さぶられています。そして、本人がそうしてほしいとも言っていないのに、「先生に相手の子を指導してもらうように言ってあげる」という先回りまでしています。

お母さんが出ていけば、学校も対応してくれるとは思いますが、この状況ではお子さんは何ひとつ「思考していない」ことがわかるでしょうか？

保健室コーチングでは、「問題は成長のチャンス」としてとらえます。そのために必要なのが「脳科学傾聴」です。

脳科学傾聴のもう一つの特徴は、子どもの内面の理解と言語化を促すために、大人と子どもの間に「共有物」を置くという方法です。

子どもたちの中には「大人⇕子ども」という構造をとても負担に感じる子がいます。ここでまず大切なのは、「大人⇕子ども」という構図を変えることです。具体的には、自分と相手との間に、共有できるものを挟み、「大人⇕子ども」の構図（関係）を「大人⇕共有物⇕子ども」という構図（関係）に変えていくことです（次の項でも、説明しています）。

ここからは、「脳科学傾聴」による関わり方の事例を通して、歪められた情報を正確な情報に戻していく確認の方法や、共通物を介して子どもの思考を整理したり、言語化を促す方法について理解を深めていただければと思います。

## 脳科学傾聴による対応

親「何か元気がないようだけど、何かあったの？　よかったら話をしてくれる？」
子「無視された。悲しい！　悔しい！」
親「無視されて、悲しい、悔しいって思っているのね。詳しい状況を聴きたいから、ちょっと確認させてもらってもいいかな」

（子どもの承諾を得る）

親「無視って具体的にどんなことがあったの？」

子「あいさつしたのに、返事してくれなかったんだよ。みんなが私を嫌っているんだ。きっと勉強もできないしさ、バカだと思っているんだよ」

親「あいさつしたのに返事してくれなかったんだね。みんなが嫌っているって言ったけど、みんなって具体的には誰のこと？　クラスのみんなということ？　それとも部活のみんなとかという意味？」

子「A子ちゃんとB子ちゃんとC子ちゃん……」

親「A子ちゃんとB子ちゃんとC子ちゃんか。なるほど、では、クラスのみんなということではないのね。お母さん、ちょっと安心したわ」

親「もう一つ確認させて。勉強できないからバカだっていうのは、実際に言われたの？　それとも、自分がそう思ったの？」

子「言われたわけじゃないけど。そう思ってるのかなって……」

親「そうなんだね。言われたわけじゃなくて、そう思ってるんじゃないかなってあなたが思ったことなのね」

子「言われてないけど……そう思ってるように感じてる」

親「そうかぁ。そんな風に感じていたんだね」

親「ところで、返事をしてくれなかったということについて、もう少し、詳しく聴いてもいいかな」

(子どもの承諾を得る)

親「返事をしてくれなかったのは、具体的にどういう状況だったの？」

子「朝、私が教室へ入ったら、A子ちゃんがいたの。それで、おはようって言ったら、何も言わず、教室から出ていったの」

親「なるほど。もう少し詳しく教えてほしいんだけど、A子ちゃんはどこにいたの？」

子「教室の前の方で黒板を消していた」

親「なるほど、教室の中にいたのね。ところで、A子ちゃんにあいさつしたとき、あなたはどこにいたの？」

子「私は、教室の後ろ側から入っていった」

親「うんうん。A子ちゃんは前の方にいた。そして、あなたは教室の後ろから入っていったということね。ちょっとわかりやすいように、スケッチブックにそのときの様子を、絵に描いてみようか」

（スケッチブックを間に挟んで、当日の様子を簡単なイラストで描く）

親「ここにA子ちゃんがいたよね。あなたは、この教室の後ろから入ってきたのね」

子「そうだよ、ここから声をかけたの………あ！」

親「何か気づいた？」

子「聞こえなかったのかな。私の声」

親「あ、なるほど。そういうことも考えられるね」

子「うーん。わからないなぁ。本当に無視だったのかもしれないし」

親「わからないよね」

子「……」

親「何かできそうなことはある？」

子「A子ちゃんに訊いてみる？　とか？」

親「ああ、それもいいかもね」

子「でも怖いなぁ」

親「具体的には何が怖いって感じる？」

子「もし答えてくれなかったら悲しいなとか」

親「なるほど。じゃ、訊かないままにしておく？」

子「訊かないと、ずっとモヤモヤするし」

親「お母さん、ひとつ提案があるんだけど、伝えてもいい？」

子「いいよ。何？」

親「迷っているみたいだから、少し、整理してみようかっていう提案だよ」

子「何を整理するの？」

親「今、あなたの気持ちを聴いていて、A子ちゃんに、あのとき返事してくれなかったのはなぜかを訊くことで、メリットもデメリットも両方あるように感じたの。だから、それを整理してみよう」

子「うん」

（スケッチブックに表を描き、二人で共有する）

親「A子ちゃんに訊いてみることのメリットは何？　あなたが言ったことを、お母さんがこの表に書き込むね」

子「こうかな？　こうかな？　と思っていることが、本当なのかそうじゃないのかはっきりするから、いつまでもモヤモヤしないですむ。もし、聞こえなかっただけだよって言われたら、安心する」

親「なるほどね。うんうん。じゃ、デメリットは？」

子「A子ちゃんを怒らせてしまうかもしれないこと」

親「そうなんだ。どうしてそう思うの？」

子「無視したんだっていう言いがかりをつけたと思うからかな」

親「なるほど。もし、怒らせるとどうなるのかな」

子「もう二度と、口きいてくれないかもしれない」

親「そう思うんだね」

子「迷うなぁ」

親「迷っちゃうね」

子「ちょっと時間をかけて考えてみる。また、明日、話を聴いて」

親「そうね。じっくり考えてみようね」

そんなにうまくいくもんか！　と思われる方もあるでしょう。ここで、理解していただきたいのは、これが正しいとか、こんなふうにやりなさいという「やり方」ではありません。この対話の中で行われている確認の方法や子どもとの情報共有の方法を理解していただきたいのです。

基本の①②③については、あり方の部分ですので、スキルとしては現れていませんが、信頼関係という部分で一番影響があります。

この事例で聴き方の基本がどのように使われているかをまとめてみました。

㋐子どもが感じている感情をジャッジなしで受け容れ、相手が使った言葉そのままを繰り返す（聴き方の基本④）

㋑子どもへの承諾を得て、確認する、提案する（聴き方の基本⑤⑥）

↓確認してもいい？　提案してもいい？

㋒抽象度の高い言葉に対して、具体化して、意味を共有する（聴き方の基本⑦）

↓具体的に「みんな」ってだれ？

↓もう少し詳しく教えてくれる？

㊓事実と解釈を分けて聴く（聴き方の基本⑧）

↓それは実際に言われたこと？　あなたが思ったこと？

㊔情報を見える化して、共有しながら話をする（聴き方の基本⑨）

↓スケッチブックに当日の様子を見える化して共有する

㋕情報を整理しながら聴く（聴き方の基本⑧）

↓メリット、デメリットを書き出し、見える化して比較検討しながら思考を促す

ケースによっては、子どもが思ったように話をしてくれないということもあります。大切なのは、大人の方が「こういう答えを導いてやろう」「解決に向かわせよう」「思ったような答えを誘導しよう」「解決策を言わせよう」としないことです。

とにかく丁寧に確認することが一番大切なことです。ただ、丁寧の意味を間違えると、相手のストーリーを延々聴いてあげることだと勘違いされる方もあります。言語そのものが不正確なものであるという理解のないまま、傾聴という言葉だけに振り回されると、真の「丁寧さ」とは程遠いものとなります。

言語とは、無意識に切り取られ、歪められ、単純化した表現の記号であることを理解していれば、抽象化された言葉をより具体的にしたり、自分が受け取った意味と同じかどうか、それは事実なのか解釈なのかを確認するということが必要であることがわかります。

このような地道な確認作業によって、心の中に埋もれたままの情報が、子どもの内側から言語化されることになるからです。その結果、子どもの内面で起きていることがより深く理解できます。しかし、実際には、大人は、「解決したい」と考えたり「感情を何とかしてあげたい」と思ったりして、結果を焦ってしまうことが多いのではないかと思います。その焦りが、子どもの思考をジャックし、子どもが自分で考えるチャンスを奪ってしまうのです。

以上のように、脳科学傾聴は、体験が言葉になるまでに省略されてしまったり、数例のことをすべてであるように表現したり（みんなが、いつもなど）、することを具体的にしたり、ことばの意味を明確にしたりしながら、思考を促し、思い込みに気づき、選択の可能性を広げるために行います。

# 04 迷ったときのお助けシート

お子さんが、何かに迷ったとき、選択肢がいくつかあって決めきれないという場合など、親としてどのように声掛けをしてよいのかと困ってしまうこともあります。

保健室コーチングではより専門的な脳科学傾聴を行いますが、ここでは、ご家庭でお子さんとコミュニケーションをしながら、「決める」までの関わりができるワークシートをご紹介します。

考え方としては、頭の中で考えていたものを、①分類して書き出し、②見える化し、③親子で共有できるようにするというシンプルなものです。

ただ、頭の中で考えているときは、いろいろな理由や気持ちや不安などがごちゃ混ぜになっています。言葉はすぐに消えてしまうので、耳にした言葉を自分なりに解釈したり、とらえ方の違いがおきたり、わかったつもりになったりすると、コミュニケーションミスのもととなります。

そこで、話した言葉を、お互いに見えるようにし、同じものを共有するのです。相手の脳の中の地図は見えないので、自分の地図と照らし合わせることができないからです。

先ほどの事例でも、スケッチブックに書き出して見える化していました。これを、専用のワークシートでやるのです。巻末からダウンロードできますので、ぜひお使いください。

# 迷ったときのお助けシート

迷っていること

A:

B:

Aを選ぶメリット

Aを選ぶデメリット

Bを選ぶメリット

Bを選ぶデメリット

この選択で自分が大事にしたいこと

→

これに決めた！

→

デメリットへの対策

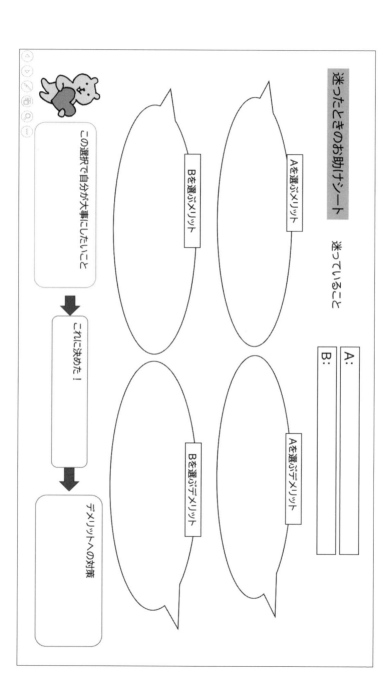

## ワークシートの使い方

### ①親の心構え

- 「助けてあげたい」「この子には答えられないだろう」「できるかな」という想いをもつと、子どもにはそれが伝わり、結果、答えられない状態、できるのかなという迷いの状態にしてしまいます。子どもには、自分の課題を乗り越える力があると信じると決めて関わりましょう。
- 子どもから出てくる答えに良い悪いの判断をするのではなく、「なるほどね」などのフィードバックで「聴く」に徹することが大切です。もう少し具体的にしたほうがよいと思うことは、「確認してもいい？」と承諾を取ってから質問しましょう。
- 親が選んでほしいという方向に誘導するのではなく、子どもから出てくる答えを純粋に楽しみましょう。
- 「早く言いなさい」などとせかさないこと。子どもの思考のペースに合わせ、じっくりと言葉を待ちましょう。

## ②選択肢を書き出す

迷っている事柄AとBを書き出します。親が質問して子どもが言ったことを記録するのが良いと思います（3つ以上ある場合は、同じようなシートを3つのバージョンで作ってもOK）。

## ③メリット、デメリットを考える

それぞれについて、それを選んだときのメリット、デメリットについて確認します。

「Aを選んだときって、どんないいことがある？」

子どもの答えをじっくり待って、答えを親の方でワークシートに記入していきます。

ここで、子どもの答えについついアドバイスや意見を言いたくなるかもしれませんが、「なるほど」などの言葉で返してあげましょう。「他にもあるかな」などの言葉をかけると、さらに言語化が進みます。

## ④この選択において何を一番大切にしたいのかを考える

メリットとデメリットを書き出しただけで、決めることができる子どももいます。

しかし、多くの子どもは、まだ決められません。そこで、次の質問のときには、「何を一番優先したい?」と聴いてください。決められない、選べない原因のひとつは、「決める基準」がないからです。

そこで、「決める基準(何を優先して決めるのか)」を明確にします。基準は、どんなことに迷っているかのテーマによって異なりますが、たとえば、高校進学であれば、通学手段か偏差値か、制服のデザインなのか、やりたい部活があるかどうかか、その先のことなのかなどです。

このワークシートでは、決める基準は1つですが、2つ目3つ目もあるとよいと思います。ただし、このようなことを考えたことがない子どもがほとんどだと思いますので、初めのうちは、大人のほうが例を出すなどの手助けが必要かもしれません。

### ⑤デメリットに対する対策を考える

選択肢の中から決められたら、それを選択することによる「デメリット」についての対策を考えます。リスクマネジメントをしておくということです。

⑥決めたことに対し、誰かに協力してほしいことがあるかを確認する

自分で決めることができたら、大いに承認してあげてください。そのうえで、決して一人だけで頑張る必要はないということ、誰かに何か協力してほしいことがあればそれも今のうちに考えておこうと声をかけましょう。

この考え方を利用した関わりの事例が、第1章のE小学校の事例「誘われたけど迷っていて決められない小学生」です。再度上げておきますので、参考にしてください。

①行くことのメリットは？
②行くことのデメリットは？
③行かないことのメリットは？
④行かないことのデメリットは？
⑤行くか行かないかを決めるとき、何を一番に考えますか？　二番目は何ですか？
※たとえば自分の時間なのか、相手との関係性なのか、行った先での楽しさなのか
⑥行かないことで起きるデメリットに対して、できることは何かな
⑦行くことで起きるデメリットに対して、できることは何かな

ワークシートもこの考え方に基づいています。

子どもたちが、育っていく中で、こうしたトレーニングを積んでいくことで、大人になってからも、この考え方を身につけていることで、迷いから早く抜けることができる思考法が身についていきます。

## 05 遊びを通して言語化を促す方法

ここまで読んで、「いや、うちの子は言葉にすることがなかなかできないんだよね。そんなコミュニケーションには程遠い」と感じた方もいるのではないでしょうか？そこで、ここからは「遊び感覚」で想いを言語化していく方法をお伝えします。

「オートクライン効果」については前述しましたが、自分の想いを言葉で表現できない子どもに対しては、遊びを取り入れることで言語化を促し、さらには、オートクライン効果を生み出すことができます。

第1章の保健室の事例の中で、「質問カード」「ぼやきすごろく」「き・せ・かお」などの教材を使ったという対応の方法がいくつか紹介されています。

これらは、弊社が開発したHMレジリエンスメソッドシリーズの教材です。この教材を使うのがよいということではなく、なぜ、「遊び感覚」でツールを使うと子どもたちの言語化を促すのか？　という脳科学的な仕組みを理解することが大切です。これがわかれば、自分の想いを表現できない、自分の感情を言語化できないという子どもたちも、ポロリと本音を吐き出すことがあり、さらには、自分の気持ちに気づいたりすることができます。

保健室コーチングでは、相談者に「悩みを話してごらん」と言うのではなく、カードやすごろくなどを使い、ちょっと寄り道的な雑談を楽しむ中で本人に「オートクライン効果」を生み出します。

教材を使って「遊ぶ」ことで、相談者自身が「あ、自分ってこれが嫌だったんだ」「このことが気になっていたんだ」「これが引っ掛かっていたんだ」「自分はこうしたかったんだ」ということに気づいていきます。

**子どもたちの中には、「大人⇕子ども」という構造をとても負担に感じる子がいます。**

学校現場でも、どう話してよいのかわからない、何から話してよいのかわからないという子どもがとても多くなったという実態が多々報告されています。

保健室コーチングでは、**自分と相手との間に、共有できるものを挟み、「大人⇕子ども」の構図（関係）を「大人⇕共有物⇕子ども」という構図（関係）に変え**

**ていくことで、子どもたちの言語化を促しています。**

以前、私立中学校の学年開きのオリエンテーションでゲームを担当させていただいたことがあります。公立中学校であれば、限定された学区からの進学なので、ほとんどが知り合いです。私立では、広範囲から受験するため、入学式で初めて会うという状況で中学校生活が始まります。子どもたちのストレスも大きいのです。

そのオリエンテーションでは「人生の魔法カード」という魔法グッズが書かれたカードを使いました。

各自がさまざまなカードを手にして、自分の名前と出身小学校、そして、その魔法グッズを何に使いたいのかを自己紹介で伝えるということをしました。すると、自己紹介に苦手意識を持っていた子どもたちも、自分なりの言葉で伝えることができていました。それだけでなく、そのことについて、他の子どもたちから質問されたりして、大いに盛り上がっていました。

ここでは、「人生の魔法カード」が共有物です。「自分⇳あなた」を「自分⇳共有物⇳あなた」に変え、「自分⇳みんな」を「自分⇳共有物⇳みんな」に変える

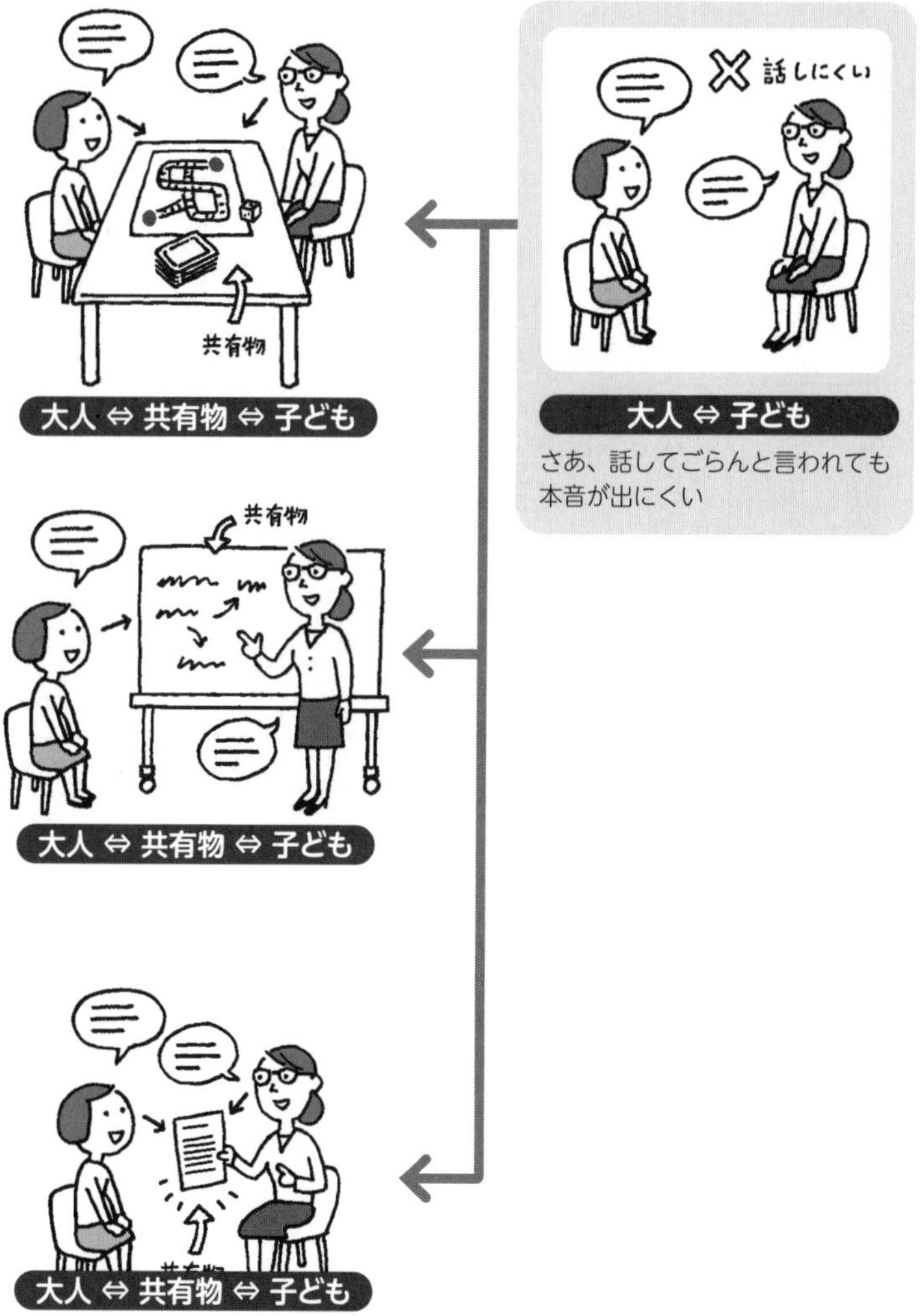
話しにくい
大人 ⇔ 子ども
さあ、話してごらんと言われても
本音が出にくい
共有物
大人 ⇔ 共有物 ⇔ 子ども
共有物
大人 ⇔ 共有物 ⇔ 子ども
大人 ⇔ 共有物 ⇔ 子ども

ことで、話すほうは「共有物」について話すことができ、聴き手のほうは「共有物」を通して相手を理解することができます。

つまり、「共有物」を間に挟むことがポイントです。

大人と子どもで共有物を挟んでコミュニケーションをとるときに大切なのは、たったひとつ。

**「解決しようとするのではなく、その時間を共有すること」**

もう少し付け加えると、言語化のハードルを下げるためには、その共有物に「遊び心」があると、もっと良いと思います。大人のほうが構えすぎると、子どもは「何かコントロールされるのではないか」という警戒心を持ちます。楽しい雰囲気があれば、自然と心を開き、その経過の中で想いを引き出し、自分で行動の意思決定まですることもあります。子どもが、心を開き、考え始めるきっかけとするためには、次のようなことを考慮するとよいと思います。

- 子どもが抵抗なく遊びとして取り掛かれるものであること
- 大人も一緒に楽しめること
- 大人も自己開示すること
- 視覚化して共有できること
- 問題を解決しよう、助けてあげようなどの意図を持たないこと

参考のため、遊びを取り入れることで、相談の構図を変え、子どもたちの「行動決定」を引き出した家庭での事例と中学校での実践例をご紹介します（文章はいただいた実践例の表現をそのまま生かしています）。

事例1▼「き・せ・かお」を使用

## 漢字テストで点数が悪かった娘への関わり

先日、「き・せ・かお」を使って、家族で遊びました。まずは、みんなで顔を作って遊びました。そのとき、娘が青い顔の台紙を使って「漢字テストで点数が悪かったときの顔」を作っていました。

そこで、「次のテストで納得する点数を取ったとしたらどんな顔？」と質問してみました。すると、娘は、次はピンクの顔の台紙を使って、とてもうれしそうな表情を作りました。その顔を「かわいいね、すごくうれしそうだね」とほめてあげました。そして「じゃ、今の顔から達成したときの顔になるために、何ができる？」と質問してみました。

すると、娘は、「漢字の練習を頑張る！」と言いながら、今度は肌色の顔の台紙を使って、漢字の勉強を頑張っている自分の顔を作り始めました。言葉で言うだけかと思ったら、頑張っている表情を作り始めてびっくりしました。達成したときの表情だけでなく、そのプロセスも視覚化することで、頑張っている自分をイメージしやすくなったように思います。

「間にものを挟むと、コミュニケーションがスムーズになる」ということを実感しました。二人の間に「表情とセリフ」がある！　これだけで、潜在的に思っていたことが言語化されやすくなるのだなと嬉しくなりました。

事例2▼「ぼやきすごろく」使用

## 部活に行きたくない登校しぶりの中学生への対応

部活動の時間に特別支援学級の生徒A君が保健室にやってきました。「顔にボールが当たった」との訴えでした。けがの対応をしていると、この生徒の部活動の顧問の先生も、A君の様子を見に来室し、A君にこう言いました。

「A君。学校に好きなアイドルのクリアファイルを10枚ぐらい持ってきていて、注意されたら、反抗したらしいじゃないか。そんな気持ちのまま、部活動に参加したから、落ち着かなくて、集中できてなかったんじゃないのか」

すると、この発言で、A君は、またまた気持ちが高ぶってしまいました。泣きながら「推しのファイルがなかったら、学校に来れないよ！」と叫んでいました。

そこで、「ぼやきすごろく」に誘いました。

「すごろくって知ってる？　いっしょにやってみない？」と声をかけると、泣きながらも興味を示したので二人で遊ぶことにしました。

すごろくを進めていく中で、「決めたら？」の質問のところでコマが止まったとき、「推しのクリアファイルは、学校の手紙を入れるファイルと、課題を入れるファイル、部活動関係の手紙を入れるファイルの3枚にする！」と自分から決めることができました。さらに「有言実行！　必ず3枚にする。担任の先生にクリアファイルを3枚にするということを伝えに行きたい！」と言い、そのまま担任のところへ行きました。

A君は、担任に反抗したことを謝り、「これからは、クリアファイル3枚にします」と宣言をし、担任には「保健室ですごろくしたら落ち着いた」と言っていました。担任に話した後、打撲の痛みもなくなったようで、笑顔で部活動に戻っていきました。

## 事例3▼「き・せ・かお」を使用
## 場面緘黙《かんもく》の中学生が「き・せ・かお」で自己表現をし始めた

※場面緘黙とは、家庭の中では、普通に話すことができるが、学校などの「特定の状況」では、話をしない状態のことを言う。

久しぶりに登校したCさんに「一緒に〈き・せ・かお〉をしない？」と声をかけて二人で「き・せ・かお」をすると、とても表情豊かな顔ができました。完成した「顔」と一緒に写真を撮りました。

それから毎日、遅刻しながらも登校するようになり、「令和4年○月△日（　）今日の私のき・せ・かお」というひながたを作り、保健室の机の上に置いておくと、自分から顔を作ってくれるようになりました。その顔について少し意思表示（声は出さず、首を振って答える）ができるようになりました。

「きのうは怒ってなかったけど、今日怒っているのはどうして？」と聞くと、「家族に怒っている」とか、少しずつコミュニケーションがとれるようになってきました。今では、ペットの名前まで聞けるようになりました。今まで、給食を一口も食べなかったのですが、「この時間は誰もこないから食べるなら食べてね」と、準備をして置いておくとマスクを外し、食べられるようにまでなりました。笑顔も出てきて、養護教諭の私のジョークにリアクションが返ってくるようにまでなりました。

他の教師はCさんと私の姿を見て、まるで会話をしているようねと言ってくれました。Cさんの声を一番先に聞くのは養護教諭の先生かなと話をしていますが、私は、誰よりも先にCさんの声を聞きたい訳ではありません。ただただ、Cさんとコミュニケーションをとりたいと願っています。

## 事例4▼ぼやきすごろく×スモールステップコーチング

# 親への不満から始まって「算数がんばる!」に変化した小学生

連日早退していた小学生が保健室に顔を出してくれたので、「ぼやきすごろく」で遊ぼうと誘いました。

スタート時のぼやきは、「お母さんに『湿布貼って』と頼まれるのがイヤ」でした。すごろくを進めて質問に答えていくうちに、「お母さん疲れてるから毎日貼ってあげる」に変わりました。そして最後の自分の宣言のところでは、「算数をがんばってみる!」になりました。具体的には、「プリントをあきらめずにする」と宣言しました。

そこで、「算数のプリントをあきらめずにやる」をテーマに「スモールステップコーチング」をしてみました。保健室には、すぐにスモールステップコーチングができるようにシートを用意しています。そのシートを嬉しそうに持って、教室に戻りました。

ほかにもたくさんの事例をいただいていますが、これらの事例を読んでいただくと、間に遊び感覚のものを入れて、楽しい雰囲気の中であれば、子どもの心が開き、表現しやすくなっていくことがご理解いただけるのではないかと思います。

私が現職中に関わってきた子どもたちの中には、家庭で、ちゃんと言えないことを叱られたり、正しさばかり求められるうちに萎縮して自分の意見を言わなくなってしまった例もありました。未熟な言葉であっても、自由に表現してもよいのだということを、お子さんに伝えていただきたいと思います。

事例4の中で紹介されている「スモールステップコーチング」については、次で紹介します。

# 06

# スモールステップの考え方で、主体的な行動力を高める

事例4の子どものように、これを達成したいという気持ちが出てきたときやこうしたいけどなかなか行動に踏み切れない、どうしたよいかわからない、ということがあります。こういうときに使っていただきたいのが、「スモールステップ」の考え方を取り入れたコミュニケーションの方法です。

シンプルな質問で、数値化しながら、子どもたちが「こうしたい」「こうなりたい」という未来に向かって思考し、アイディアを出し、チャレンジし続けるための伴走をすることができます。

子どもたちの悩みに対し、解決した状態を10、最悪の状態を0だとして、今、何点くらいのところにいるのかを聴き、10点に到達するまで、小さなステップの行動に伴走していく方法です。方法を簡単に説明します。

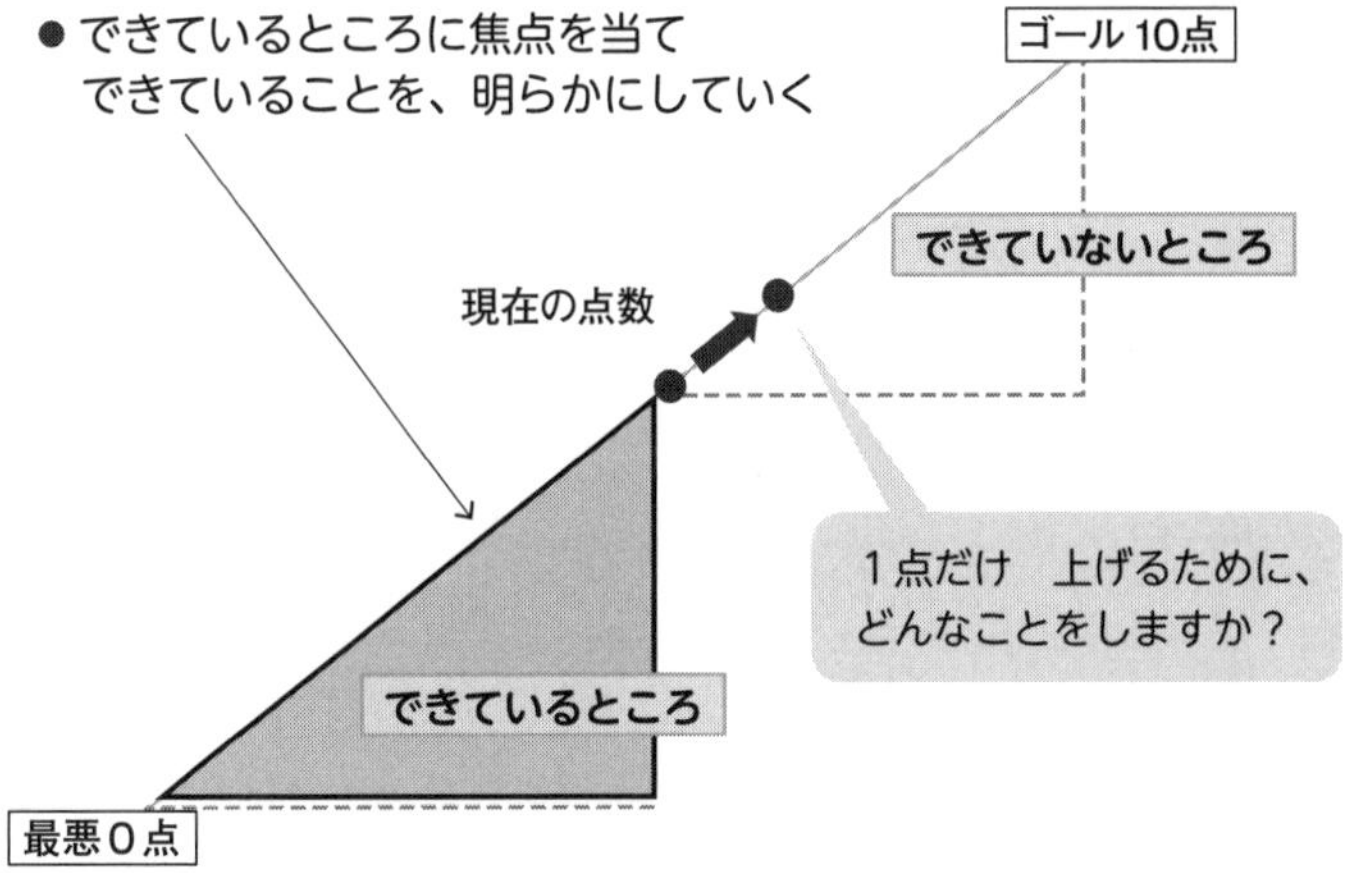


①「望む状態」「今の問題が解決した状態」「目標を達成した状態」「こうなったら最高！　の状態」を10点満点とすると、今、何点のところにいますか？

②いま、○点なのね。できているところの内容を詳しく教えて。どんなことができているの？（ここで、子どもたちの答えに良い悪いのジャッジはせず、なるほど！　そうなんだね！　という肯定的なフィードバックをしたり、他には？　もっとあるかな？　などの言葉がけをしましょう）

③10点満点になったらどんな状態になっている？（ここではイメージしやすいように、その未来で見えるものや聞こえる声、

そこで感じている自分の感覚などを質問するとよいでしょう。ここでも、親の価値観はいったん脇に置いて、「いいね」「そうなんだ」「へえ」などの言葉をかけ、一緒にその世界を楽しみましょう）

**④今より1点だけ上げると、今と何が違う？**（子どもの答えをじっくり待つ）

**⑤1点上げるためには、何ができるかな？**（子どもの答えをじっくり待つ）

**⑥その行動が決まったら、よし、やってみようね！　応援してるよ！　と、応援メッセージを送る**

以上です。質問自体はとてもシンプルです。実際にこの方法を保健室で活用し、大きな成果を上げてくださっている方もたくさんいらっしゃいます。

いくつか事例を紹介します。

事例

## 通学班の集合時刻に遅刻する小学生が1か月半で激変

家庭環境の問題で、通学班の集合時刻に間に合わない小学生に対し、スモールステップコーチングを用いた関わりを1か月半続けました。本人（D君）は、時間通りに行けるようになることを希望していました。スモールステップのゴール設定でも「10点満点の状態」は、「みんなと一緒に通学班で楽しく登校している」でした。ここから、養護教諭が、定期的に1点を挙げるための関わりを継続しました。

朝もなかなか起きられないし、朝ごはんも食べていない状態からのスタートでした。最初は2点。2点の中身は「学校へ毎日来ている」「学校に来ると、みんなと仲良くできる」でした。それを承認してあげると、とてもうれしそうでした。

D君の家庭では、お母さんがおひとりで子育てをされていて、お仕事も複数あり、お母さん自身も、朝、なかなか起きられないことがありました。そんな状態の中から1点ずつ前に進むために、本人はいろいろ考え始めました。

最初の1点は、「朝ごはんを食べる」。そのためには、お母さんは起きられないから、自分で用意すればいい」というアイディアが出ました。

しかし、実際にやってみると、朝は忙しすぎて、無理だと気づいたようです。そこで、養護教諭とD君で作戦会議をしました。

「何かほかに良い作戦はないかな」と質問すると、D君は「じゃあ、夕方のうちにコンビニでパンを買っておけばいい」。

　この方法はとてもうまくいったようです。

　次の1点は、「自分で起きる」でした。そのためにできることは「目覚まし時計を、7時にセットする」でした。何度かチャレンジして、これも自分でできるようになりました。こうやって、養護教諭と一緒に（時に担任の励ましもあり）ついには、自分で起床し、自分で朝ご飯を用意し、時間通りに通学班の集合時刻に間に合うようになりました。


　この方法は、シンプルながら効果は絶大ですので、ぜひやってみてください。人間は、一気に変化しようとすると元に戻ろうとする力が働きます。1点ずつというのは、脳の抵抗を受けにくいのです。実施については、いくつか注意点もあります。以下に記載しますので、参考にしてください。

- 子どもが発言した言葉には、肯定的なフィードバックをする。「なるほど」「面白いことに気づいたね」「面白いアイディアだね」などの言葉がけをする

- 大人が「こう答えてほしい」という大人の正解を持つと、子どもの答えをジャッジしたくなる
- 大人にとっての「正しいこと」を言わせるようにするのは「コントロール」である。子どもは本音を言うことができなくなり、大人が喜ぶようなことを言うようになる。この経験が重なると、子どもは主体性を失い、チャレンジすることをやめてしまう
- 大切なのは、自分で考えた小さな一歩を実践し、その体験からまた考えるという繰り返し。寄り添うとは、きれいごとではない。子どものうまくいかない体験も、時間をかけて学びに変えていこうとする大人の覚悟が必要

# 07 決める力と行動力を生み出すみじん切り法

お母さん向けの講座などで、「朝のしたくをもたもたしてなかなかできない」「ぎりぎりになって登校準備をするから、忘れ物も多くて」「取り掛かるまでにものすごく時間がかかりイライラする」「自分でやると決めて、進んで動くにはどうしたらいいでしょうか」などの声をよく耳にします。

そこで、そのような場面で、お母さんたちは、どんな言葉がけをしているのかを尋ねると、「今日のうちに明日の準備しておくのよ」「朝のしたくをさっさとやろうよ」などの声が上がってきました。普通に日常で交わされる会話ですよね。

ここで、ちょっと考えていただきたいのが、**「朝のしたく」「明日の準備」と聞いたとき、子どもたちはその言葉だけでやることや手順をすぐに思い浮かべるかどうか、**ということです。

大人は、長年の経験から、準備にはこれとこれがあるよね、まずあれやって、これやって、次はこれだよねとイメージして、手順や段取りを無意識に頭の中で組み立てています。しかし、子どもたちの中には、頭の中で手順がイメージできず、どこから手を付けていいのかわからない、「準備」という言葉の中にどんな行動があるのかわからないという子がいるのです。みなさんも、初めてのことや複雑なことを「やっておいて」と言われても、すぐにはイメージできず困ってしまいますよね。子どもたちも、同じような状態なのです。

そこで、子どもたちと一緒に、「朝のしたく」「明日の準備」という少し大きな塊を小さくし、行動を見える化できる「みじん切り法」をご紹介します。

ここでは、例として「朝の準備」をみじん切りにして（細分化）、考えなくてもできるサイズの小さな行動に分けていきます。

## 「朝のしたく」をみじん切りする

「朝のしたく」という大きな言葉を考えなくても、文字を見ただけで動けるサイズに細分化してみました。

## 付箋を使った「みじん切り」法

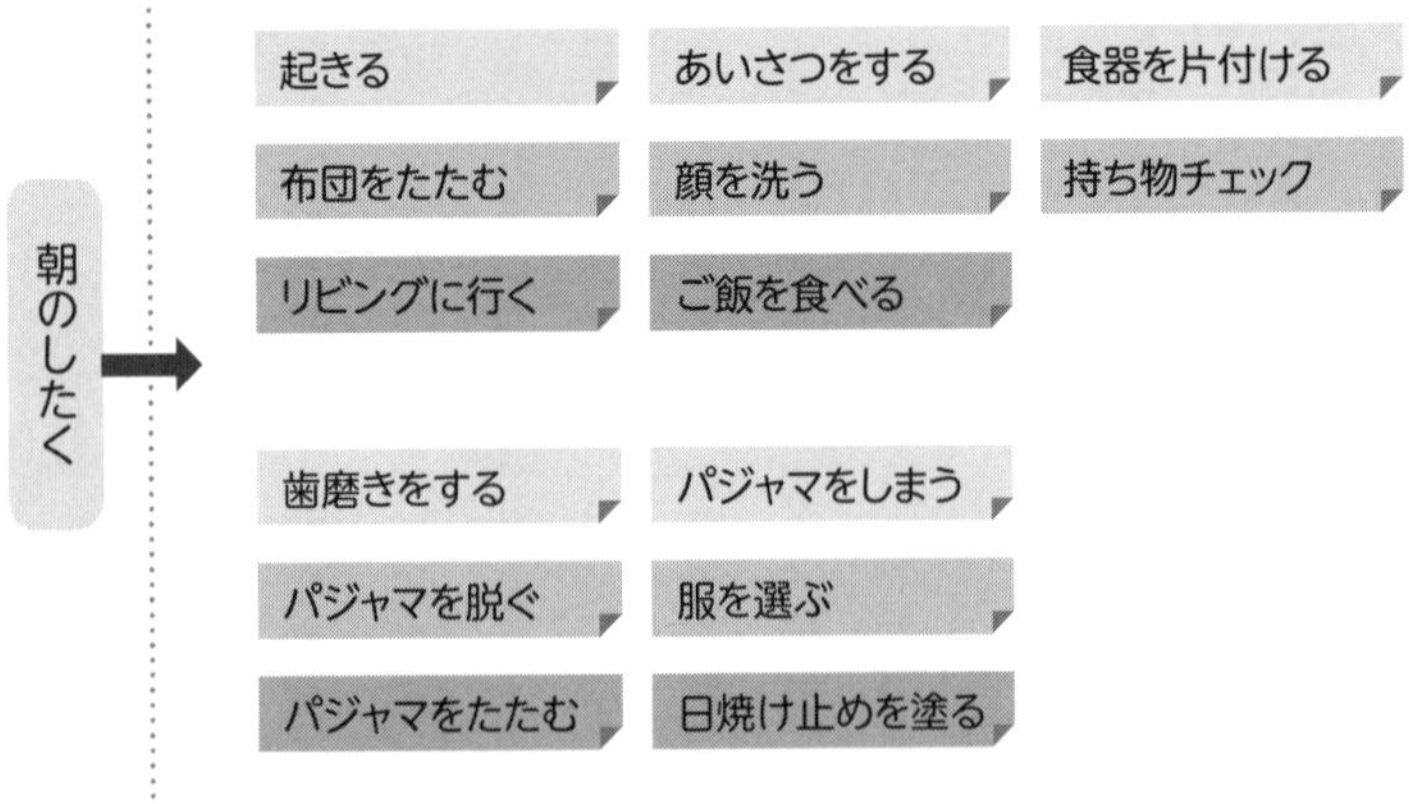


「起きる」「布団をたたむ」「リビングに行く」「あいさつをする」「顔を洗う」「ご飯を食べる」「パジャマを脱ぐ」「パジャマをたたむ」「服を選ぶ」「日焼け止めを塗る」「歯磨きをする」「食器を片付ける」「持ち物をチェックする」「靴を履く」「帽子をかぶる」「行ってきますと言う」などなど、いろいろありますね。布団のたたみ方がうまくいかない子の場合は、それももう少し小さな行動に分けてあげることも必要かもしれません。

　早くやれ、次はこれでしょ、はい、次はこれして！　と矢継ぎ早に声をかけて言われるがままにやっているとき、子どもの思考は停止しています。多忙な毎日の中で、「さっさとやらせる」ことが目的となった言葉がけは、子どもたちの主体性が育つチャンスを奪ってしまうばかりか、指示待ち人間を育ててしまうことになりかねません。

子どもたちが「やるべきこと」に取り組みやすくするために、親子で、みじん切りシートを間において、話し合ってみてください。忘れてはならないのが、「みじん切りにする主体は子ども」であるということです。時間がかかっても、子どもが考えることが大事です。親が代わりにみじん切りにして、できたものを「はい。やりなさい」では、これもまた、思考のチャンスを奪い、受け身思考を助長してしまいます。

子どもも、すぐにはうまくできないかもしれません。一度で完成品を作る必要はありません。作ってみて、動けない部分があれば、それについて、もう一度、子どもと一緒に作戦会議をすればよいのです。

真面目なお母さんほど、ちゃんとしたものを作らせたいと思ってあれこれ手出しをします。その気持ちもわかりますが、うまくいかない体験から、どうすればいいのかを考える機会を作り、その時間を共有するという地道な関わりこそが、思考力や問題解決力を育てていくととらえ、肩の力を抜いて実践してみてください。

この方法には、もう一つ別の効果もあります。行動を細分化すると、一つひとつの行動がシンプルですぐにできることばかりなので、「できた＝○」をたくさんつけることができます。

「登校準備」という大きなサイズの言葉だと、途中までできていても、最後までできないと×となってしまいます。しかし、小さな行動に分けることで、○をたくさんつけることができます。もしも、その小さな行動の中に×がついた項目があれば、「どうやったらできるかな。何かいい工夫はないかな」と聴いてあげてください。間違っても「なんでやらなかったの！」という「なんでなんで攻撃」や「こうすればいいのよ」と親が勝手にアドバイスすることも避けていただきたいと思います。

この方法が身につけば、段取り力も身につき、学習にも応用できるようになりますし、将来社会人になったときの仕事力にもつながってきます。この方法は、大人のタスク管理にも応用できますので、お父さんやお母さんも、ぜひ使ってみてください。

# 08 「自分で決めてもいいんだ」という体験を少しずつ増やす

養護教諭の先生方から、「自分で決めていいんだよ」という言葉に、びっくりする子がいるというお話を耳にします。「自分のことを自分で決める」ということを、家庭の中で経験させてもらっていないのではないかとも考えられます。

では、学校現場ではどうかというと、教師によっては、ルールや子どもたちの人間関係についてまで、すべて先生が「こうあるべき」で決めてしまうこともあるようです。また、良かれと思って、「こうすればいい」というアドバイスが多くなってしまうのも、子どもが「自分で決める」という機会を奪ってしまっています。

たとえば「自由に決めていいよ」と言ったにもかかわらず、子どもが決めると「それは、変だよ」とか「なんでそんなものにしたの?」とか「お母さん(先生)はこれがいいと思うけどね」と、子どもの選択を否定してしまうことはないでしょうか?

これでは、子どもは、自分の意見は尊重されない、全部ダメ出しをされ、自分の想いを表現することをやめてしまいます。大人自身が、もっと子どもたちの可能性を信じて、自分で考えさせる、自分で決めてもいいのだよと伝えていく必要があります。

**「自分で決めてもいい」ということは、自分の人生は自分のものであるという大切な人生の前提を伝えることでもあります。**自分が自分として生を受けたのに、その人生を「誰かの意図に従って」「誰かに受け容れてもらうために」「誰かの期待のために」生きるのでは、なんだか残念な気がしませんか？　もちろん、それをわかったうえで、「あえてそれを選択する」というのであれば、それはそれでよいと思います。

しかし、多くの場合、無意識に「親の期待に応えられない自分はダメな子」「親（先生）の言うことを聴くのが当たり前」「親を悲しませたくない」などの思い込みを持っています。中には、「言うとおりにしないと親（先生）にひどく叱られる」という恐怖で動いている子もいます。心からの本音で「自分がやりたいから」と思ってやっている子はいったい何人いるのかなとすら思います。

こうした子どもたちの「決める」「選択する」のハードルを下げるために、「自分で決めていいよ」と自由に選択できることを少しずつ増やし、決められたときは、「自分で決めたね」と決めたこと自体を承認してあげてほしいと思います。

第5章

# より専門的なアプローチの事例

学校と大人のための提言

第4章まで、最近の子どもたちの「決められない」「自己表現できない」実態とその背景、そして、大人がすべきことを書いてきました。ここまでを読んでいただき、大人の方の中には、「自分も自分の人生をちゃんと決めてこなかった」「決めることの大切さを知って自分の人生をもっと自分の手で操縦したい」という方もいらっしゃるのではないでしょうか？

また、子どもの教育に関わっていらっしゃる学校現場の先生方の中には、「決める」ことのさらなる深い意味を理解することで、子どもたちの「自己表現」「主体性」を育てることに活かせそうだと感じてくださった方もいるのではないかと思います。

**子どもたちの背景には、決められない大人が存在します**。だからといって、大人が悪いというわけではありません。私たち大人にも、家庭でも学校でも社会でも、決めることの大切さや決められない理由、決めることと現実の関係性を教えてくれるところはありませんでした。

多くの大人は、自分は決めていると思っています。

しかし、実際には、決めなくてよいことを決め、決めなくてはならないことを決めず、決めているつもりが、体に染みついたパターンで、反応しているだけということも多々あります。

私自身、自分でいろいろなことを決めていると思っていました。しかし、脳科学や波動理論を学び、決めているつもりが必要なことを決めているわけではないことを嫌というほど実感してきました。学べば学ぶほど、実践すればするほど、「決める」ことの奥深さに驚くばかりです。

第5章では、シンプルでありながら、人生の主体性や自分軸での生き方に深く関係する「決める」をさらに深掘りし、大人の方々の「主体的な人生」のために活かしていただけたらと思います。そして、後半では養護教諭の先生や支援職の方々向けにより専門的なアプローチにまで話を広げていきます。

# 01 他人軸で生きている大人たちの事例

## 事例1 1から10まで聞いてくる同僚

同じ学年の3年目の教師に少し手を焼いていました。

「どうしたらいいでしょうか」とすぐに聞いてくるのです。

「学年だよりが間に合わなくて、どうすればいいでしょうか?」「◎◎さんへの連絡はどうしたらいいでしょうか」という具合です。

「あなたはどうしたらいいと思っているの?」と質問すると、「いや、先生のご指示をいただこうかと」と、常に丸投げの質問をしてきます。

「いつ頃までならできそうなの?」とさらに聞くと、「明日は空き時間がなくて、部活も試合前なのでちょっと力入れていて……なかなか時間が……」と、質問の答えになっていないのです。自分がいかに大変で時間がないかばかりをくりかえすだけです。しびれを切らして「今回は、行事前の連絡も入っているのだから、なんとか頑張って間に合わせましょう」と少し強めの口調で言ったところ、びっくりしたような顔をしていましたが、翌日休んでしまいました。

結局、学年で手分けをして作成しました。「できないので、ちょっと手伝ってもらえませんか」というSOSを言うこともできないようです。自分の優秀さを自慢するときは雄弁なのですが、その割には、何かを決める、自分なりに思考して、それについて検討するということが全くできないようです。

事例2

## やりたい企画があるが怖くて言い出せない

これは、私が直接相談をいただいた事例です。

小学校の養護教諭E先生は、やってみたいと思っている企画がありました。しかし、それを提案することを決めきれずにいました。その相談への関わりの一部です。

「何が自分を止めているのでしょう?」

「自分が出した提案を否定されるのではないかと怖いのです」

「それが怖くて提案することを決断できないなら、それだけの熱意ってことですね。だったらやめちゃうこともできますよ」

「いえ！　絶対やります」

E先生の「〜たい（希望）」が「やります（決意）」に変わったことで、本気を感じたため、相談を継続しました。

職員会で提案する企画について、整理をし、より具体的な行動を決めるために次の質問をしました。

「なぜそれをやりたいと思ったのか？（その企画をやる必要性＝子どもたちの現状）それをやると子どもたちにはどんなプラスの影響があるのか？」

「単に養護教諭がやりたいからという理由だけでは、先生たちが自分事として取り組んでくれない。先生方の学級経営や生徒指導上にもプラスがあることを伝えるとしたら、それはどんなことがあるのか？」

「それをやることで、先生たちにＹＥＳ！　と言ってもらえないとしたら、どんな理由が考えられるのか？」

「その理由（問題点）をクリアするために具体的にどんな対策や工夫をするのか？」

聴いたことについては、すべて自分なりの答えが出てきました。しっかりした方向性を持っていることがわかりました。どうやら、それをうまく言語化することができず、不安と恐怖でいっぱいになっていただけでした。自分の想いが整理され、言語化されたことで、目に輝きが戻りました。

最後に、あえてこんな質問をしてみました。

「それでも、まだ反対されたとしたら、どうしますか？」

すると、「やっぱりそれは怖いです」と言うのです。

「あきらめるの？」と聴くと、「それも嫌です」と言います。

「じゃ、どうすればいいかな」と聴くと、しばらく考えて「そのときは、一度、引き下がって再度検討して、次の会議で提案します」と決めることができました。


不安や恐怖から決めきれないという方は、大人の方でもたくさんいらっしゃると思います。その多くは、提案の否定＝自分への否定と考えてしまう思考パターンにあります。ここにとらわれると、何も決めることができませんし、もちろん行動もできません。問題は、周りにあるのではなく、提案することで出てくる意見を「否定された」ととらえる思考パターンです。その思考パターンが、不安や恐怖を生み出すのです。

「もっと良い企画にするための意見をもらうために提案する」と考えること、自分の意識を「どうやったらこの企画を通して、実行できるのか」ということだけに集中させれば、余計な感情は起きないのです。

E先生には、提案するときに考えるべきことを、一つひとつ丁寧に思考するという思考法がわかると、迷いがなくなるよということをお伝えしました。その後、企画が通り、行事も無事に終了することができたというご連絡をいただきました。

## 事例3 1ミリも違わない正解が欲しい

全国で養護教諭向けの講演やお母さん向けの講演などをしているのですが、

「◎◎な子がいて、困っています。どうしたらよいでしょうか」

「これからの養護教諭はどうあるべきだと思いますか」

「◎◎心理学というのがとても効果があると聞きました。私もやったほうがいいのかなと思うのですが、どうでしょうか」

「うちの子は、●●ですが、どうしたらいいですか？」

などの質問がとても多いのです。

自分はこう思う、これを大切にしている、こういうことを目指しているという「自分の考え」がないのかなぁと思ってしまいます。

「あなたはどうしたいのですか？」

「なぜ、そのことはあなたにとって問題だと感じるのですか？」

「あなたが養護教諭として大事にしていることは何ですか？」

という逆質問をしたいというのが本音です。

「自分で考える方法がわからないから、誰かがうまくいった方法を手に入れたい」

「絶対に間違っていない正解中の正解が欲しい」という本音が見え隠れする方もいます（決して全員がそうであるということではありません）。ただ、自分の問題に対して1ミリも違わない、ぴったり100％の解決策を要求しているのかなと残念に思うケースもあります。

また、時間とお金を投資して保健室コーチングを学んだ方に「ワークシートをコピーさせて」「やり方教えて」と安易に聞いてくる人がいて、本当に困るという受講生の声も聴きます。本当に力量を高めてよい関わり方をしたかったら、ちゃんと学んで系統的な理解をすればいいのに……と思います。しかし、そういう人ほど絶対に学ぼうとはしません。「忙しくて」「お金がないから」「自分には難しくて」などやらないための理由は延々と主張するのです。

自分で考えることを放棄して、答えを外側に求めている限り、永遠にその問題は残り続けます。それなら、自分で考える、自分で決める、自分でやってみる、試行錯誤するということのほうが、よほど自分の糧になるのではと思うのです。主体性を育てる立場にある教師のあり方も問われていると感じます。

# 02 決めていないとき、脳はどう動く?

どんな小さなことでも、決めてそれを言語化することで、脳の動きは変わります。しかし、何も決めないときは、自分が普段から無意識に思っていること、きっとこうなんだと思っていること（信じていること）が、現実化します。

とても面白い事例があるのでご紹介します。


波動脳科学のコースで、過去、現在、未来という時制を動くワークを行いました。「過去」「現在」「未来」というカードを作って、床に置き、そこを移動します。このワークで、「未来」のカードに移動し、「20年後の自分」を五感を使ってイメージしてもらいました。

「未来」と書いた紙の上に移動するだけで、こんな体験ができるのかと思われるかもしれませんが、潜在意識には、「時制」「人称」「場所」の概念が存在しないと言われていますので、私の講座では、こうした仕組みを取り入れたワークを行っています。

ワークの後、どんな体験ができたかという感想や気づきをシェアしてもらいました。「体が重くなって、動けなくなりました」という方もいれば、「気持ちが軽くなっていて、今より元気なくらいに感じました」という方もいらっしゃいました。この違いが現れた理由が「未来の自分」のイメージを決めているかどうかでした。

参加者の多くは、40代~60代の方でしたが、「60代になったら○○を始める」「自分の趣味でやってきたことを続けて、個展を開いている」「毎日、元気に運動して若さを保ち、生き生きと日々を送っている」等々、60代、70代、80代になった自分を「決めている」人は、20年後の未来体験でもワクワクして、体も軽いと感じていました。

しかし、未来の自分を何も「決めていない」人は、同じ80代になった未来を体験したとき、まったく動けない、頭の中が真っ白で何も考えなくなっていたとおっしゃっていました。

「決めていないと、自分が無意識に70代ってだいたいこうなるとか80代ってこうなると思っていることが、そのまま現実化します」という説明をすると、その方がとても興味深いことをおっしゃいました。

「私の母は、誰かが困っていたら、自分のことはおいて、困っている人のために世話をするという人生を送っていました。しかし、自分の世話を必要とする人がいなくなったら、そのまま寝たきりになりました。

そんな母の姿を見て、『あんな人生は嫌だ、あんなふうにはなりたくない』と思っていました。でも、自分がどう生きるのかは決めていませんでした。だから、80代になったら寝たきりになってしまうという母のイメージや自分の周りにいる80代の人を見て、年取るとあんなふうになるんだということが私の未来のイメージになったのだと思います。決めてないということは、こういうことなんですね。

ワークのとき、先生から『過去のことは考えず、今自分が何をするか決めて、ただやるだけ』ということを言われました。知らず知らずに過去を引きずっていた自分、何も決めていない自分が見え、涙が出てきました。よくわかりました。これからの人生、自分がどう過ごすのかを、決めます！」

こうおっしゃったときの瞳の強さがとても印象的でした。「決める」ことの大切さを実感された瞬間でした。

次の事例は真逆の事例です。

私のママ友でとてもユニークな方がいます。彼女は30代の頃、こんな話をママ友たちにしていました。

「私は60代になったら、アメリカンばばぁになる。髪の毛も車も思いっきり派手にして、楽しく生きる！」

要は、アメリカのおばあちゃんのように、カラフルで元気でやりたいことをやるということでした。30代の頃は専業主婦で、３人の子どもの子育てやら家事やらで、なかなか自分の時間も取れなかったのですが、未来はこう生きる！　と決めていたのです。

60歳を超えた今、彼女はそれを実現しています。もともと得意だった料理を仕事に生かし、事業を立ち上げ、大成功しています。そして、髪の毛もカラフルに染め、ピンクのクラウンに乗って元気にバリバリで頑張っています。

すごいビジョンを持って成功するのが大事ということではないのです。自分はこう生きるんだということを決めて、自分が納得できる人生を生きていきましょうということです。

何度も言いますが、何も決めないままだったら、あなたが、無意識に思っているその年代の姿になっていくだけなのです。

未来を決めずにいると、「一般的には、この年齢はこうなるもの」という勝手な思い込みが現実化します。子どもたちに「将来について考えなさい」と言う前に、まずは大人が「自分の人生についてちゃんと決める」ことが大事ではないかと思います。

## 03 日々の暮らしでできる小さな決定習慣

昨年度から弊社の認定講師による講座「やりたいことがサクサク進む ～私にもできるスケジュール管理とマッピング～」でも、日々の時間管理や仕事の能率化というテーマを通して、「決めることとの大切さ」を学んでいきます。

受講生の方からは、「今この瞬間の自分の行動を自分で決めて生きていくということが腑に落ちました。1日のスケジュールを決めるだけで、自分の動きが全然違いました」「未来を先に決めることで、今やるべきことがわかる。今に集中できることを実感しています」「決めると脳が動くということがわかり、子どもと一緒に実践中です」など、決めることで自分の行動まで変わることを多くの方が体験してくださっています。

これまでの話を整理しながら、具体的に日常の中でどんな場面でどんなことを決めればよいのかをお伝えしていきます。

●どんな1日にするかを決める

どんな1日にするかを毎朝、決めます。お勤めの方なら、「今日も、仕事に集中して1日を過ごします。そして、○時に仕事を終え、元気に帰宅しました」と決めてから出勤します。主婦の方も、同じように、今日1日、どんな1日にするのか、1日を終えた後、どんな気持ちでいたいのかを、朝いちばんで決めます。そうすることで、1日のイメージの枠が脳の中にできます。この枠を作ることで、その枠の中を着々と進めていけるように脳が協力してくれます。

●仕事に取り掛かる前に決める

一つひとつの仕事をする際にも「これから○○をします」という宣言をすることで、脳がそのことに集中できる状態を作ってくれます。

●誰かと話をする前に決める

保健室には、毎日、多くの子どもたちが来室します。養護教諭の先生は、子どもたちの話を聴く前に、「この子にとって必要な話をします。相手の可能性を信頼して、関わります。相手は一番必要なメッセージを受け取ります」と決めます。

相手にこうなってほしい、これをわかってもらわなければ、助けてあげなければ、成果を出さなければという想いはいったん手放して関わります。なぜなら、そうした想いは相手への期待となり、相手との純粋な信頼関係や相手の潜在的な力を引き出せなくなる原因となるからです。

## ●アイデンティティの切り替えをする

アイデンティティが変われば、同じ人間であっても、価値観や能力、行動は無意識に切り替わっています。無意識の切り替えに任せるのではなく、意識的にしっかりと切り替えることで自分のパフォーマンスや人との関係性も変化させることができます。職場では、養護教諭、あるいは教師というアイデンティティで過ごしていたり、会社員というアイデンティティで過ごしています。

しかし、いったん職場を離れ、自宅に戻れば、母親（父親）というアイデンティティとなります。これを、意識的に行います。職場を出たらすぐに、職業のアイデンティティをリセットし、自宅の玄関に入る前に「本来の自分に戻りました。これから、母（父）親のアイデンティティに切り替えて、家庭で楽しい時間を過ごします（家事を集中してやりますなど）」と決めてから、家に入りましょう。

この切り替えができず、自宅に帰っても職業人のアイデンティティのままでいると家庭生活や子育てにも影響します。特に、医療関係者、支援職、教員などは、不特定多数の様々な感情を持った人と多く関わりますので、情報をリセットしておかないと、家族の中の一番敏感な子が、親が持ち帰った負の情報を無意識に引き受け、心身に影響が出る場合があります。ご自身の心身とご家族の健康のためにも、アイデンティティの切り替えを意識的にやってください。

## ●不確実な未来を受け容れると決める

未来は未確定で不確実なものです。これを受け容れると決めます。コントロール不能なものを変えることに執着すると、何事も前に進みません。この不確実である未来を、不安や恐怖と感じてしまうとき、いかにして、それを可能性として認識することができるかがカギとなります。

## ●今やるべきことに集中すると決める

ゴールを決めたらいったん手放すこと。結果はコントロールできないことを受け容れることが必要です。その結果でなければ意味がないという思考にとらわれると、片手で結果をにぎったまま、行動することになります。この状態では、エネルギーを肝心の行動に使えなくなります。今、ここ、この場所ですべきことに、意識を集中させたとき、120%のエネルギーをそこにそそげるのです。

望む結果（ゴール）を見るのは、自分に迷いが生じたときのみです。自分はどこに向かっていたのかを思い出せば、道に迷うことなく、今やるべきことに取り組めます。

いかがでしょうか？　決める場面は日常の中でたくさんあり、何を決めるかで現実が変わってくることを、ご理解いただけたのではないかと思います。

# 04 「決める」場面で迷いが生じたときの思考法

決めることの大切さはわかったけれど、どうしても決めきれない、迷いが生じるということもあると思います。そのような場合に役立つ考え方をご紹介します。

## ●不安は書き出して、対策を行動プランに入れる

目先の不安にとらわれると、決められなくなります。大切なのは、出てきた不安を頭の中に残すのではなく、書き出すこと。いったん書き出したら、その不安やリスクに対し、どのような対策をするのかを具体的に書き出すことで、もやもやした気持ちがスッキリし、迷いが払拭されます。

## ●自分にとっての正解を発見する

常に正解だけを選ぼうとするとうまくいきません。正解は、時代とともに変化しま

す。世間の常識も必ずしも永遠に正解であるとは限りません。大切なのは、自分が決めたことを実践し、自分にとっての正解を見つけ出すことです。自分が本当にやりたいことであれば、多少の批判も想定内と考えましょう。想定できる批判や反対意見が思いつくのであれば、それに対する対処法も考えておくとよいでしょう。

### ●迷いと思考は別物と知る

迷っているときというのは、考えているようで考えていません。迷いと思考は別物です。選択の基準が明確でないとき、迷いが出ます。自分はそのことについて何を一番に考えるのか、選択した後、どんな思考や行動をするのかを決めることが先です。それが明確になると意外とあっさりと決断できます。

### ●選択をすることは何かを手放すこと

何かを選択することは、何かを手放すこと。手に入れるときより手放すときのほうが人間の感情は動きます。このとき大切なのは、「選択した自分の意志を信頼する」と宣言することです。決めて、行動して、完結させるという体験の繰り返しによって育つのが真の自信です。

## ●自信はなくてもやるという選択はできる

自信がなくて決められないというのは言い訳です。自信があるかないかではなくやるかやらないかだけです。どんな小さなことでも決めて行動して動く。自信などなくても決断も行動もできるのです。

## ●どうやったらできるかという思考に集中する

決めた後に必要なことは、「どうやったら達成できるのか」という思考を持ち続けること。この問いに必要な情報を脳は勝手に探し出します。「やっぱり無理」と思ったとたんに、その情報が手に入らなくなります。

## ●反省は10秒、後悔はしなくてよい

もしもうまくいかないことがあったら、後悔ではなく、反省を選択しましょう。後悔とは、脳内で問題の映像をリピート再生することであり、意識の焦点は「過去」と

「問題点」に向かい、エネルギーが消耗します。

後悔しても、何も生まれません。それはやがて、罪悪感や自己否定につながり、ますます人生を暗くしてしまいます。反省とは、課題を明確にし、その課題を解決するためにどうすれば良いかを考えることです。しまったと思ったときに反省の第1幕は終わっています。10秒あればよいのです。

大切なのは、反省の第2幕です。意識の焦点を「未来」と「解決策」に向け、この体験から何がわかったのか、それを達成のためにどう生かすのかを考え、今この瞬間からやるべきことに集中しましょう

## ●タイよりマス

何かを決めるときは「タイよりマス」と覚えましょう。「〜したい」は願望で、脳への指令が弱くなります。しかし、「〜します」という表現は、決意の言葉で、脳にしっかりと指令が届きます。指令を受けた脳は、必要な情報を即座に検索し、アイディアをくれたり、必要なヒントに出会いやすくしてくれます。

## ●決めることには覚悟も伴う

以前、保健室コーチングの資格コースの中で、アイデンティティの切り替えをするときに「日本一の養護教諭になった」という宣言をしようとお伝えしていた時期がありました。それを学んだ受講生さんから、自分の真似をしてやってみた人から、クレームをつけられたという相談を受けました。

アイデンティティの切り替えの宣言を始めた途端、なんだか、大変なことがたくさん起きる。おかしいな、おかしいなと感じたその方は、受講生さんに詰め寄ったそうです。「あなたのやっているようにやったけど変なことばかり起きる！　ひどいじゃないの！」と。

驚いた受講生さんは私に報告してくださいました。私は、次のように説明しました。

「その人は、養護教諭として普段からちゃんと仕事してなかったんじゃないでしょうか？　そんな人が、日本一の養護教諭になった！　なんて宣言したんだから、日本一の養護教諭が対応できるほどの課題が来ることになりますよね。私が、やり方ばかり求める人に自分が学んできたことを安易に教えることが、その人のためにならないと感じる理由のひとつはそこなんですよ。学ぶ覚悟、現実と向き合う覚悟のない人はこれからの時代には適応できなくなると思います」

こういう決め方をすればこうなるとか、これをすれば、コントロールできるという

その考え方は危険です。なんでも決めればOKなのではなく、そこにどんな想いが乗っているかが、現実に作用します。決意の裏にどんな想いが乗っているかで、起きる現象は変わります。

何かを決めるということはそれによって起きることに対し、ちゃんと向き合って、そこでやるべきことをやるという覚悟も必要です。やると決めたらハッピーなことばかりが起きるわけではありません。決めたからこそその課題だってやってきます。

その課題から逃げることなく、やると決めることが、本当に自分の現実を変えるために必要なのです。

## ●ゴールを決め、そこに向かう過程の壁を乗り越えれば過去は変わる

過去を癒してから前に進むのではなく、どんな小さなゴールでもよいから決めて、前に進むことが過去を癒す最高の方法です。ゴールに向かう途中で出てくる恐怖や不安や怒りは、過去の体験・経験のリバイバルです。過去を癒そうと意識を過去に置き

続ける対応より、決めた未来に向けての現実の行動支援をする中で、必要に応じてマイナス感情に対応する方法を学ぶほうが早いのです。今、この瞬間に意識を置いているとき、その人の能力の可能性もエネルギーも最高に発揮されます。過去に意識を向けると体も重くなり、エネルギーが停滞します。

いかがでしょうか？　たかが「決める」されど「決める」。

「決める」が日常の中で定着すると、同時に、思考力、表現力、目標達成力も高まっていくというメリットもあるのです。

# 05 養護教諭たちの取り組み

ここからは、養護教諭の先生や支援職の先生向けのやや専門的なお話になります。もちろん、子育て中の方々のヒントになることもたくさんありますので、ぜひ、参考にしてください。

事例1▼中学校養護教諭の実践

## 起立性調節障害の生徒への分けて聴く対応

起立性調節障害の診断を受けている生徒が、登校してすぐ「気持ち悪い」と休養しました。休養1時間後、帰るか残るか迷っていたため「分けて聴く・間に共有物を挟む」の理論を応用して、本人と話をしました。

B4用紙1枚を4マスに仕切って、「教室に行くことのメリット、デメリット」「早退することのメリット、デメリット」を聴き取り、養護教諭が記録しました。

| | メリット | デメリット |
|---|---|---|
| 教室へ行く | ・授業が受けられる<br>・友達と話せる<br>・楽しい | ・おなかが痛くなったときに、トイレに行きづらい<br>・なんで休んだの？と聞かれたくない<br>・教室の中がうるさい |
| 早退する | ・体を休められる<br>・明日、行けるようになる<br>・リラックスできる<br>・回復したら自分のペースで勉強する | ・授業が受けられない<br>・友達と話せない<br>・さみしい |

| 選択肢 | メリット | デメリット | 不安や心配なこと | それに対してどうするか | 判断 |
|---|---|---|---|---|---|
| 早退する | | | | | |
| 休養する | | | | | |
| 教室に戻る | | | | | |

| 選択肢 | メリット | デメリット | 大切にしたいこと | デメリットへの対策 | 判断 |
|---|---|---|---|---|---|
| | | | 1. | | |
| | | | 2. | | |

一覧表にすることで、養護教諭と二人で共有しながら、いろいろな話ができ「明日、元気にくるために今日は帰る」と決めて帰り、次の日は登校できました。

この事例では、比較的短時間で決めることができたようです。

これで決められない場合は、P183の下段の表のような項目を追加することもできますので、ぜひ、ご活用ください。

また、第1章の事例E小学校の先生が、迷っている6年生児童に質問した内容を表にすると、このようになります。四角で囲んだものは、少し堅苦しい感じがするので、イラストを入れたり、吹き出しに変えたりして工夫されるとよいと思います。

第4章の「迷ったときのお助けシート」(P122)を参照して下さい。

## 事例2▼中学校養護教諭の実践
## 職場体験の実習先が決まらない生徒への対応

不登校傾向のIさんが、職場体験の場所を決めるために登校しました。しかし、なかなか決められず、保健室に来室しました。

「飲食店か電気屋にいくかで迷っています。どちらも楽しみな面と不安な面がありま す」と悩んでいる様子でした。

まずは、メリット、デメリット、不安だと思っていることなどを、養護教諭がガイドしながら、書き出して考えることにしました。

しかし、書き出すだけでは、決められませんでした。そこで、「ちょっと未来を体験してみる?」と、未来体験ワークを提案しました。

2つの椅子を前に置き、それぞれに座ってそこでどんなふうに働いているかを体感してもらいました。五感を使ってフルに活用できるように、視覚情報・聴覚情報・体感覚情報をゆっくりと聴いていきました。

現在地から、まずは飲食店の職場体験をしている自分を体験できるイスまで移動し、座ってもらいました。

「ごはん屋さんで働いている自分と一体化しましょう。じっくりとその感覚を感じてね。……さぁ、今、見えるものはありますか？　……では、どんな声や音が聞こえますか？　……何か匂いとか体の感覚など、感じるものがあれば教えてください。……さて、そこで職場体験しているあなたは、どんな気持ちですか？」

この体験が終わると、いったんリセットし、再度、現在地に戻ってもらいました。同じように、次は電気屋さんで職場体験している自分を体験し、再び現在地に戻ってもらいました。やってみた感想と決められたかどうかを聴いてみました。Ｉさんは、次のように言いました。

「ごはん屋さんは注文を聞いて忘れてしまうかもしれないなぁと思いました。電気屋さんは困ったとき周りにいる店員さんにすぐ聞けそうなので安心です。だから、電気屋さんで職場体験をすることに決めます」と、自分で決められました。

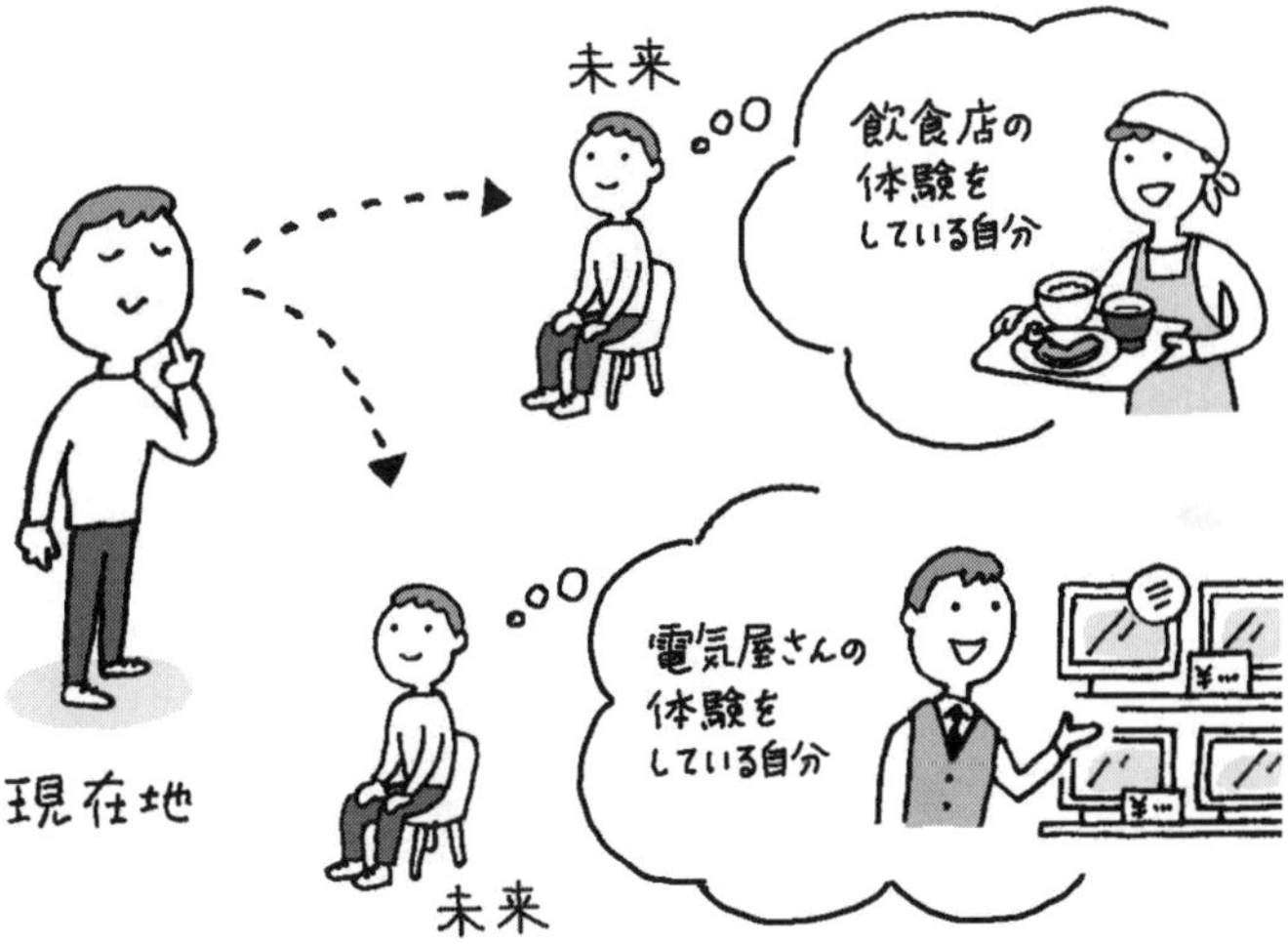
未来
飲食店の
体験を
している自分
現在地
電気屋さんの
体験を
している自分
未来

その後、実習も無事に終えることができました。

事例3▼高校養護教諭の実践

## 進路を決めかねている高校生への対応

高校三年生のJさんは、進路が決まらず、何かにつけて保健室に来ていました。昼休みにふらっと来室したり、腹痛などを訴えて来室したりしていました。その悩みは「志望大学はあるが決めかねている」とのことでした。そこで、Jさんの迷いを払拭し、志望校を決めるヒントになるようにと、保健室コーチングアドバンスコースで学んだ「勝手に3人会議」というワークをすることにしました。

養護教諭はコーチ役となり、Jさんには、3つの立場（D＝こうなりたいを語る立場／R＝そのための計画や行動を語る立場／C＝リスクマネジメントを語る立場／M＝この3つの立場を俯瞰するニュートラルな立場）を用意し、一つひとつの立場（自分の中の役割）に移動しながら、考えたことを言語化します。

※D＝ドリーマー　R＝リアリスト　C＝クリティーク　M＝メタポジション

Jさんには、自分の中に、それぞれの役割を遂げる3人がいて、それぞれの場所を移動して、その立場で考えを巡らせていくワークだと概要を伝えました。

最初にドリーマーのポジションに立ってもらい、コーチの質問に答えます。

以下、実際のやり取りです。

- コーチ（養護教諭）「高校卒業後の進路はどうしますか？」
- ドリーマー（生徒）「〇〇大学に入学して、こども心理学部で幼児教育を学び、幼稚園教諭になりたいと考えています」
- コーチ（養護教諭）「リアリストのポジションに移動してください。今やるべきこと、できることは何ですか？」
- リアリスト（生徒）「〇〇大学に入るには、成績が足りないので、勉強することです。なので、学校が終わったら予備校で3時間、帰宅して1時間の計4時間は計画して勉強します」
- コーチ（養護教諭）「クリティークのポジションに移動してください。不安に感じていることは何ですか？」
- クリティーク（生徒）「男性の幼稚園教諭は採用があるのか、自立できるのか、それからまだ親に希望を伝えていないので、親への説得はどうするかを考えて心配に感じます」

●コーチ（養護教諭）「もう一度リアリストのポジションに移動してください。不安な要素を取り去るためにやるべきことは何ですか？」

●リアリスト（生徒）「まず、○○大学の良いところを親に伝えます。もう少し、大学の進路実績（大学卒業後の進路データ）を調べてみます」

●コーチ（養護教諭）「もう一度クリティークのポジションに移動してください。リアリストさんが行動しようとしていることは実現できそうですか？」

●クリティーク（生徒）「親への説得はできます。進路の先生にも質問すれば、○○大学のデータはわかるかな？　と思います」

●コーチ（養護教諭）「ドリーマーのポジションに移動してください。あなたの夢は何ですか？」

●ドリーマー（生徒）「○○大学に入学して、子どもに関わる幼稚園教諭になることです」

●コーチ（養護教諭）「メタポジションに移動してください。第三者の客観的な立場から、3人の会議の様子を見て、ドリーマーの夢は実現できそうですか？」

- メタポジション（生徒）「クリティークの意見が厳しそうに思えたけど、親や進路の先生の協力を得ればできるのではないかと思ったし、やるしかないと思います」

《ワーク実施後の様子と養護教諭の気づき》

○○大学という具体名が出て、本人が目標設定や今後の計画を考えることができ、その後、用もなく保健室へ来ることはなくなりました。Jさん自身が、ポジションを移動しながら、自ら答えを導き出していく中で、不安が解消され、やるべきこともはっきりしたのではないかと思います。

コーチ役の私は、何ひとつアドバイスもしていません。私自身の大きな気づきは、やんちゃなキャラクターだと思っていたJさんが、これほどしっかりと自分の進路を考えているのだと知ることができ、感動しました。同時に、Jさんのことを私が見直すきっかけとなりました。

## ●自分の内面を表現することが苦手な子どもの言葉や行動を引き出す方法

近年、学校現場から、こんな話を耳にします。

「自分の感情を上手に表現できない子どもが増えた。コロナ禍で、さらに多くなったようにも感じる。うざい、死ね、むかつく、気持ち悪いなどの単語でしか表現できない。その〈うざい〉は、悲しいの？　つらいの？　怒っているの？　と聞いても、感情を表す語彙が乏しいためか、自分が抱いている感情をうまく伝えられない。そのため、次の行動について一緒に考えるというところまでなかなかたどり着けない」

「カウンセリングは嫌いです。とはっきり言う子がいます。その理由を聞くと、カウンセリングという言葉自体が重苦しく感じたり大げさな感じがするとか、小さなことを大げさに扱われるのが嫌だとか、大人と面と向かって話をすること自体が苦痛だなどがあるようです」

そういう子どもたちの内面を言語化するための教材がHMレジリエンスメソッドです。このメソッドを使って、子どもたちの内面にある想いを引き出します。このメソッドを活用した、より専門的なアプローチの事例を紹介します。

## 事例4▼中学校養護教諭の実践

# 自分の言い方がきついことを気にしている中学生

腹痛で保健室に来室した女子生徒（Kさん）の事例です。

体温、脈、顔色など、異常がないことを確認し、彼女の話を聴いていたところ、「自分の言い方がきついことを直したい」ということを言い出しました。

ぼやきすごろくとサブモダリティチェンジ、ポジションチェンジを組み合わせて、対応しました。

《ぼやきすごろく》

ぼやきすごろくでは、コマが止まったところで、質問に答えていました。

そして、「自分の問題です」「きつく言ってしまうことが問題です」「今学期中にきつい言い方をするのをやめます」「言い方を優しくすることから始めます」。

最後にコマが止まったところのメッセージ「全部自分だよ」には、「うん」とうなずいていました。

すごろくを終えて、感想を聞くと、「先生と自然な感じで話せる。これすごいね」と言っていました。実際、こちらは何も質問をしていません。ただ、彼女が話しているることを聴いているだけでも、自分からシンプルな言葉で、どんどん答えていました。

その後、もう少しアプローチをしたほうが良いと感じ、「何を言われるときに言い方がきつくなるの？」と訊いてみました。

するると、次のようなことを話し始めました。

「全く関係ない人から、ブスと言われたとき、言い返しました。あとは、理科の時間、椅子を片づけていたら、同じ班の男の子に、『先生の話を今聞いておいたほうがいいよ』と言われ、みんなのために片づけていたのにと、腹が立った。確かに、先生の話を聞く時間だったので、話は聞いたほうがいいとは自分でも思ったんです。でも、その子の言い方が嫌だったので……」と彼女は言っていました。

《サブモダリティチェンジ》

そこで、ここからは、もう一つ別のワークを2つ重ねました。せっかく、優しい言い方をすると決めたのですが、腹立たしい想いがあると、また、きつい言い方をするパターンを繰り返してしまうかもと思ったからです。Kさんには、脳の中にあるその出来事の印象を変えてみない？　と誘い、ＯＫをもらいました。

「では、彼の言い方の印象を変えようか？　どんな言い方だったらよかった？」

と尋ねると、「もっと優しく言ってくれればよかった。『椅子を片づけているかもしれないけど、今は聞いたほうがいい』って言ってくれれば腹が立たなかったと思う」と教えてくれました。当日のことを再度思い出し、その時に声をかけた男子生徒の声の質や言い方、そしてそのときの表情も変えてもらいました。

**養護教諭**「その表情と言い方なら、どんな感じがする？」

**生徒**「素直に聴こうという気持ちになる」

**養護教諭**「それはよかった。では、実際にできるように練習しようか。もう一つ、面白いワークをするけどいい？」

**生徒**「はい。やってみたいです」

**《ポジションチェンジ》**

自分のポジションから、彼に対して言いたいことを言った後、彼のポジションに座りました。

**養護教諭**「自分が彼になったと思って、椅子を片づけているかもしれないけど、今は聞いたほうがいいよと、目の前にいるKさん（自分自身）に伝えてみて」

その後、再度、自分のポジションに戻って目の前に座っている彼の言葉を受け止めました。すると「確かに今は聞いたほうがいいね」と、優しく伝えられました。

《サブモダリティチェンジ》

最後に、強く言ってしまう言葉の強さを変えました。

**養護教諭**「強く言ってしまうときの自分の音声出力レベルはどれくらい？」

**生徒**「MAX10です」

**養護教諭**「そうなんだね。どのくらいまで落とせばよさそう？」

**生徒**「レベル5に変えてみます。携帯の音量くらいです」

ここまでのワークを終えると、「先生、ありがとう」と言って、元気に教室へ帰っていきました。

**事例5▼高校養護教諭の実践**

## 無口な生徒から想いを引き出す

普段から学校行事や教室移動などで、何をしてよいのか、どこに行けばよいのかがわからず、教室でぽつんとしていることが多い高校生男子がいます。この生徒（L君）が、頭痛を訴えて、体育の時間に来室。バイタルサインは異常なかったので、いろいろ話を聞いてみたが、特に問題はないとの返答でした。以前からちょっと気になっていたので、「ぼやきすごろく」に誘ってみたところ応じてくれましたので、養護教諭と二人ですごろくをやりました。

**養護教諭**「ぼやきたいことをつぶやいてからスタートだよ。何かある？」

**生徒**「ぼやきたいことはありません」

**養護教諭**「じゃあ、私はね、忙しすぎて時間が足りない〜ってぼやこうかな〜？」

※以下、『　』内は、すごろくの中の質問です。

『で？　何が問題なの？』

しばらく考えてから「交友関係」と答えました。ぼやきはないと言っていたのですが、自分の交友関係に問題があると素直に答えたので驚きました。

『理想の状態を10点とすると、今は何点？』「私は5点かな？」

その後も、ぼやきすごろくの質問に答えていきました。

そして、最後に近づいたコマはこの質問で止まりました。

『まずは何からはじめる？』「アルバイト」

最初の行動を「アルバイト」と答えたので、養護教諭から「アルバイトってどんなことをしたいの？」と質問しました。L君は「ゲーム屋でバイトしたい」と答えてくれました。本人に承諾を得て、そのことについて少し詳しく質問しました。

具体的に働きたい店があるのか、保護者はその希望を知っているのか、求人広告はあるのかなどについて尋ねたのですが、スラスラ答えてくれて驚きました。そこで、また、すごろくを続けました。

『全部、自分だよ』

「……」無言のまま。

『決めたら？』

「はい、自分で自分のことを決めます！」

両者とも最後の一振りをしてゴールしました。

すごろくを通して無口なL君と会話をすることができた上に、L君が考えていることを知ることができてよかったなぁと思いました。無言で終わった質問もありましたが、考えるきっかけになったのではないかと思っています。L君に感想を聞くと「面白かった」と言ってくれました。ゲーム感覚だったので、質問にも抵抗なく話してくれたのではないかと思います。今後、アレンジして継続的にやっていきたいと思います。

専門的なアプローチもいくつかありますが、最初のとっかかりとして、「間に何かを挟んで一緒に楽しむ」ことで、なかなか言葉が出ない子や自分の本音がわからない子の言葉を引き出すことができることをご理解いただけたでしょうか?

それは、どんなものでもよいと思います。専門的なスキルも心を開いてこそ、機能します。ぜひ、子どもたちの言葉にならない言葉を引き出すために、チャレンジしていただきたいと思います。

# おわりに

この書籍の原稿を書くにあたって、弊社のアップデートコミュニティ会員の養護教諭の方々に、保健室に来室する子どもたちの様子や具体的な関わりの実践を数多く提供していただきました。その事例や子どもたちの背景について何度も意見交換をしてきました。個別にご意見をお聴きすることも多々ありました。先生方とやりとりをしながら「本音」という言葉は、誰もが知っているのに、本当につかみどころのないものだなぁと感じています。

本音の反対語として、「建前」という言葉もありますが、ある先生がこうおっしゃっていました。

「正直、自分自身、これが本当に本音なのか、実は建前なのか、わからなくなることがあります。現場はそれくらい多忙で、子どもだけでなく、私たち大人も丁寧にじっくり思考する時間がないのです」

大人も子どもも、たくさんの情報にさらされながら、そんな日々を猛スピードで走り続けています。そして、脳のメモリはあっという間に満杯になります。結果、大切なことを思考したり、自分の心の中を深く見つめ直すための脳のスペースがなくなってしまってしまいます。

こんな日々が続くのですから、心身ともに疲れ果て、「思考する」「自分の本音を知る」という大切なことを放棄してしまっている人たちはとても多いのだということ痛感しています。

その混沌とする教育現場の中で、子どもたちに「自分と向き合い深く思考する場と時間」を提供されている養護教諭の方々の姿に頭が下がる想いです。本当にありがとうございました。

そこでは、きれいごとの寄り添いではなく、現実を生きていくための「生きる力の育成」を土台とした関わりがされていました。それによって、子どもたちは自らの思考を深め、本音に気づき「自分で決めて、行動し、現実を変えていくことができた」という実感を持っているのだと思います。

今は、5年ひと昔とさえ言われます。退職して15年もたっている私など、すでに三昔（？）前の人間ということになります。それでも、今、現場で必要な新しい考え方や手法、ツールをお伝えできるのは、現場の声を届けてくださる先生方のおかげです。構想から執筆、完成までの数か月を思い出すと、本当に感謝しかありません。

前著『保健室から見える親が知らない子どもたち』の続編でもある今回の書籍でも、私が伝えたいメッセージは一貫しています。

それは、「人生は生きる価値」があり「人生は自分次第」ということです。自分で自分の人生を本音で生き、ああいい人生だったと思えるために必要なのは、主体的に思考し、意思決定し行動することです。私自身が自分の人生でそれを体現し、それによって起きた現実の検証をもとに、人生を豊かに生きる智慧をお伝えしていくことが、皆様へのお返しになると思っています。

最後になりましたが、保健室の存在の大切さを深くご理解いただき、適切なアドバイスをくださった青春出版社の手島編集長様、ご縁をつないでくださった株式会社うぃずあっぷ代表取締役・芝蘭友先生、人生転換のきっかけを作ってくださった株式会社ＮＬＰラーニング・山崎啓支先生、アイシン波動療術院・荒島怜衣子先生、小窪博先生に、心から感謝申し上げます。

令和5年2月　冬の青空に映える国宝犬山城下にて

桑原朱美

## 子どもたちと関わるすべての大人の方へ
## 桑原朱美からのお知らせ

日々、子どもたちとの関わりに悩んでいる方や、より積極的に関わりたいと思っていらっしゃる方々のために、本文中に出てきたシートなどをダウンロードできるようにしました。是非、ご利用ください。

また、保健室コーチングに関連した情報や資料が得られる情報発信サイト「ネヂカラ」 も会員募集中です。ご興味のある方は是非のぞいてみてください。

### ダウンロード先の URL

**自己診断シート**
https://heart-muscle.com/wp/wp-content/uploads/jiko-sindan.pdf

**迷ったときのお助けシート**
https://heart-muscle.com/wp/wp-content/uploads/mayoi-otasuke.pdf

**「ネヂカラ」**
https://hm-nedikara.net/

**「HM レジリエンスメソッド」**
https://heart-muscle.com/category/textbook/

## 著者紹介

**桑原朱美** （一社）ハートマッスルトレーニングジム代表。NLP教育コンサルタント。主体的人生を構築する人材育成トレーナー。

島根県生まれ。愛知教育大学卒業。教育困難校等の保健室の先生として25年勤務。全国1000以上の学校現場で採用されているオリジナル教材や、「保健室コーチング」など独自のメソッドで研修、講演会などで活躍中。

『保健室コーチングに学ぶ！養護教諭の「現場力」』（明治図書出版）ほか、新聞、テレビなどへの執筆、出演多数。

本書では、本音が言えない、決められない、自分のことすらわからない…思春期前後の不安定な子どもたちとの向き合い方を多くの事例をもとに考えます。

# 保健室《ほけんしつ》から見《み》える
# 本音《ほんね》が言《い》えない子《こ》どもたち

2023年2月28日　第1刷

著　　者　桑《くわ》原《はら》朱《あけ》美《み》

発 行 者　小澤源太郎

責任編集　株式会社 プライム涌光
電話　編集部　03(3203)2850

発 行 所　株式会社 青春出版社
東京都新宿区若松町12番1号 〒162-0056
振替番号　00190-7-98602
電話　営業部　03(3207)1916

印刷　三松堂　　製本　フォーネット社

万一、落丁、乱丁がありました節は、お取りかえします。

ISBN978-4-413-23295-1 C0037

女40歳からの体調を整える
秒速「ゆる薬膳。」
池田陽子

もしも今日、あなたの大切な人が亡くなったとしたら
思わず涙する22の素敵な見送り方
安部由美子

〝承認欲求〟捨ててみた
他人を恐れない自由な心を手に入れる自己改造法
諸富祥彦

集中力を超える「没入力」を手に入れる
驚くほど仕事が片付く〝深く集中〟する技術
森健次朗

繊細なあなたの「隠れた才能」が目覚める本
7日間で人生がよくなる魔法のワーク
箭内宏紀

## 青春出版社の四六判シリーズ

ネット時代の
やってはいけない病院・医師選び
五十嵐淳哉　大城堅一［監修］

司書さんもビックリ！
図書館にまいこんだこどもの大質問
こどもの大質問編集部［編］

リタイア夫の妻たちへ
整えたいのは家と人生　実は夫もね…
市川吉恵

自分を知る練習
人生から不安が消える魔法の自己分析
土谷　愛

87歳ビジネスマン。いまが一番働き盛り
人生を面白くする仕事の流儀
郡山史郎

ベスト・オブ・平成ドラマ！
TVドラマをもっと楽しく観る方法
小林久乃

奇跡を、生きている
慢性疲労症候群になってわかった大事なこと
横山小寿々

1秒で攻略
英語の落とし穴大全《たいぜん》
「話す」×「書く」はこの一冊
佐藤誠司　小池直己

日本初のバストアップ鍼灸師の
「胸《バスト》」からきれいに変わる
自律神経セラピー
正木民子

プロスポーツトレーナーが教える
背骨を整えれば体は動く！
ラクになる！
木村雅浩

# 青春出版社の四六判シリーズ

いぬからのお願い
わたしたち、こんな言葉を待ってます
中川恵美子

古代日本の歩き方
その謎を解明する！
瀧音能之

駒澤大学陸上競技部から世界へ羽ばたく
必ずできる、もっとできる。
大八木弘明

子どもの一生を決める
「心」の育て方
心の発達がわかれば、自律する子に変わる
山下エミリ

会議、プレゼン、企画書、メモ…
どんどん仕事がはかどる
「棒人間」活用法
河尻光晴

お願い　ページわりの関係からここでは一部の既刊本しか掲載してありません。
折り込みの出版案内もご参考にご覧ください。

大好評既刊！　保健室シリーズ第一弾

# 保健室から見える親が知らない子どもたち

大人が気づかない、意外なこころの落とし穴

桑原朱美

教育困難校での経験と、
NLPと脳科学理論から
生みだされた独自のメソッドで
多くのケースを解決してきた
元保健室の先生が伝える

**子どもの心の処方箋**

**今、親は、教師は、そして大人は**
**どう向き合うべきか**

ISBN 978-4-413-23192-3 1400円

**お願い**　ページわりの関係からここでは一部の既刊本しか掲載してありません。折り込みの出版案内もご参考にご覧ください。

※上記は本体価格です。（消費税が別途加算されます）
※書名コード（ISBN）は、書店へのご注文にご利用ください。書店にない場合、電話またはFax（書名・冊数・氏名・住所・電話番号を明記）でもご注文いただけます（代金引換宅急便）。商品到着時に定価＋手数料をお支払いください。〔直販係　電話03-3207-1916　Fax03-3205-6339〕
※青春出版社のホームページでも、オンラインで書籍をお買い求めいただけます。ぜひご利用ください。〔http://www.seishun.co.jp/〕